高校足球教学创新与可持续发展研究

孙 韧 著

中国青年出版社

图书在版编目（CIP）数据

高校足球教学创新与可持续发展研究/孙韧著.
北京：中国青年出版社，2025.2. -ISBN 978-7-5153-7576-2

Ⅰ.G843.2

中国国家版本馆CIP数据核字第202472X2H8号

高校足球教学创新与可持续发展研究

作　　者：孙　韧
责任编辑：刘　霜　罗　静　邵明田
出版发行：中国青年出版社
社　　址：北京市东城区东四十二条21号
网　　址：www.cyp.com.cn
编辑中心：010－57350508
营销中心：010－57350370
经　　销：新华书店
印　　刷：北京联兴盛业印刷股份有限公司
规　　格：710mm×1000mm　1/16
印　　张：11.5
字　　数：158千字
版　　次：2025年6月北京第1版
印　　次：2025年6月北京第1次印刷
定　　价：68.00元

如有印装质量问题，请凭购书发票与质检部联系调换

联系电话：010－57350337

前　言

高校足球教学不仅是体育教育的重要组成部分，也是培养学生团队协作能力、竞争意识和身体素质的有效途径。近年来，随着足球运动的普及和发展，高校足球教学越来越受到社会各界的关注。为了适应社会的需求，高校足球教学必须不断创新，寻求更加科学、合理的教育模式，以实现教学质量的持续提升和学生全面发展的目标。

当前，我国高校足球教学面临诸多挑战。传统的教学模式、单一的教学方法和有限的教育资源等问题，制约了足球教学的进一步发展。此外，高校足球教学理念与体育教学理念之间存在一定差异，导致学生难以灵活掌握教学内容，降低了学习兴趣和积极性。

高校足球教学创新是实现足球教育可持续发展的关键。创新不仅涉及教学理念、教学方法和教学内容的革新，还包括教学手段的多媒体化和多样化。通过引入多媒体教学资源和开展多元化教学，可以提高课堂教学效率，增强学生的学习体验。

本书旨在探讨高校足球教学的创新与可持续发展策略，希望通过深入研究和分析，为高校足球教学提供有益的参考和借鉴，进而推动我国高校足球教学水平的整体提升，为实现足球事业的长期繁荣奠定坚实的基础。

本书参考了有关专家和学者关于足球训练的理论和资料，在此表示诚挚的谢意。由于时间和精力有限，书中难免存在不妥之处，恳请广大读者批评指正。

目 录

第一章 高校足球教学概述 … 1
第一节 高校足球教学的内容 … 1
第二节 现代足球运动发展 … 3
第三节 足球运动的特点与作用 … 5
第四节 高校足球教学中的人文素质教育和关怀 … 7

第二章 高校足球技能教学理论研究 … 11
第一节 高校足球运动技术教学基本理论 … 11
第二节 高校足球运动基本技术教学实践 … 17
第三节 高校足球运动战术教学基本理论 … 30
第四节 高校足球运动战术教学实践 … 37

第三章 高校足球教学实践发展研究 … 42
第一节 高校足球教学发展现状 … 42
第二节 高校足球教学的发展趋势 … 45
第三节 高校足球教学实践改革对策 … 48

第四章 高校足球专项课创新研究 … 52
第一节 高校足球运动负荷控制 … 52
第二节 高校足球专项课教学中的德育渗透 … 54
第三节 高校足球专项课教学团队的建设 … 56
第四节 高校足球文化的传播途径 … 59

第五章 高校足球教学模式创新研究 …………………………… 62

    第一节 高校足球教学模式构建新思路 ……………………… 62
    第二节 高校足球分层教学模式 ……………………………… 64
    第三节 高校足球混合式教学模式 …………………………… 67
    第四节 高校足球合作学习模式 ……………………………… 71
    第五节 高校足球课内外一体化教学模式 …………………… 74
    第六节 高校足球"三位一体"教学模式 …………………… 77
    第七节 高校足球螺旋式教学模式 …………………………… 89

第六章 高校足球教学能力培养创新研究 …………………… 94

    第一节 高校足球教学中人文精神的培养 …………………… 94
    第二节 高校分级教学模式下足球教练员的培养 …………… 97
    第三节 高校足球教学中足球意识的培养 …………………… 100
    第四节 高校学生足球裁判员培养 …………………………… 108

第七章 高校足球教学实践应用创新研究 …………………… 111

    第一节 足球游戏在高校足球教学中的应用 ………………… 111
    第二节 五人制足球运动在高校足球教学中的应用 ………… 118
    第三节 高校足球教学中心理技能训练方法的应用 ………… 120
    第四节 支架式教学模式在高校足球教学中的实践应用 …… 122

第八章 高校足球训练基本理论创新研究 …………………… 125

    第一节 高校足球训练理念 …………………………………… 125
    第二节 身心素质训练理论诠释 ……………………………… 132
    第三节 各项身体素质及练习方法示例 ……………………… 134
    第四节 各项心理素质及练习方法 …………………………… 139

第九章　高校足球教学可持续发展研究……………………………………150
　　第一节　高校足球教学可持续发展的背景……………………………150
　　第二节　高校足球教学可持续发展的创新性…………………………152
　　第三节　高校足球教学可持续发展的意义……………………………155
　　第四节　促进高校足球教学可持续发展的路径分析…………………158

参考文献……………………………………………………………………173

第一章 高校足球教学概述

第一节 高校足球教学的内容

一、足球技术教学:奠定扎实基础

足球技术是高校足球教学的核心内容之一。其中,控球技术是重中之重。学生需要学习在不同速度和对抗的情况下,用脚的各个部位,如脚底、脚背内侧、脚背外侧等部位合理地控制足球。这包括原地控球,通过双脚交替的轻推、拉、拨等动作,让球在身体周围小范围移动,感受球与脚的接触。而在行进间控球时,学生要学会根据自身速度和方向的变化,灵活调整触球力度和频率,例如在快速带球突破时,利用脚背外侧的快速拨球来改变球的运行方向,摆脱防守队员。

传球技术也是关键部分。短传注重准确性和隐蔽性,如脚内侧传球,要求学生掌握好传球的发力点和脚与球的接触部位,保证球能准确地传到队友脚下。长传则需要结合力量和精度,像脚背正面长传,学生要通过助跑、摆腿等动作,将力量从腿部传递到脚部,使球能在空中高速飞行并准确地落在目标区域。

射门技术对于比赛得分至关重要。在教学中,要让学生掌握不同位置和情况下的射门方法。例如在禁区内的抢点射门,需要学生有敏锐的门前嗅觉和快速的反应能力,用脚内侧或脚背正面迅速发力射门。而在禁区外的远射,则要注重腿部力量的运用和射门角度的选择,可采用脚背外侧或正脚背抽射等方式提高射门的威胁性。

二、足球战术教学：培养团队智慧

足球战术教学包括个人战术和集体战术。个人战术方面，主要培养学生在进攻和防守时的合理跑位。在进攻中，学生要学会通过灵活的跑位创造接球空间，如通过斜向跑位插入防守队员身后的空当，或者通过横向跑位拉扯对方防线，为队友创造传球线路。防守时，要懂得根据对方进攻球员的位置和球的走向，选择合适的防守位置和方式，例如保持与进攻球员适当的距离，既能防止对方突破，又能及时封堵传球路线。

集体战术教学是提升球队整体战斗力的关键。在进攻战术中，小组配合是基础。例如在边中结合的战术中，边锋通过与中场球员的短传配合下底传中，中锋和其他进攻球员则要在禁区内进行抢点射门。而在防守战术方面，区域防守和人盯人防守的结合是常见的方式。在防守时，防守队员要明确自己所负责的区域，同时对进入该区域的对方进攻球员进行盯防，当对方球员在危险区域接球时，要及时进行逼抢和干扰。

三、体能训练：提供持久动力

体能是足球比赛中持续发挥技术和战术水平的保障。在高校足球教学中，体能训练包括有氧耐力训练和无氧耐力训练。有氧耐力训练可以通过长跑、变速跑等方式进行。例如让学生进行 3000 米长跑训练，每周安排一定的次数，提高心肺功能和身体的耐力储备。无氧耐力训练则侧重于短时间高强度的训练，如间歇跑。安排学生进行 400 米快跑和 200 米慢跑交替的训练，每组若干次，培养学生在高强度对抗下的体能恢复能力。

力量训练也是体能训练的重要组成部分。上肢力量训练可以通过俯卧撑、引体向上等练习，增强球员在对抗中的上肢支撑和争顶能力。下肢力量训练则通过深蹲、蛙跳等方式，提高球员的腿部爆发力和奔跑能力。同时，核心力量训练不可忽视，通过平板支撑、仰卧腿部提升等动作，加强球员腹部、背部等核心肌群的力量，保证球员在比赛中的身体平衡和动作稳定性。

四、足球理论知识教学：开启智慧之门

足球理论知识涵盖足球规则、足球历史和足球战术理论等方面。足球规则教学是让学生了解比赛的基本准则，包括越位规则、犯规类型及判罚等。详细讲解越位的判断标准，通过实际案例分析，让学生在比赛中能够准确判断越位情况，避免不必要的犯规。同时，教授学生犯规的各种类型，如直接任意球犯规和间接任意球犯规的区别，让学生在比赛中懂得如何合理地利用规则进行防守和进攻。足球历史教学可以激发学生对足球的热爱和兴趣。

足球战术理论教学则是对实际战术教学的补充。通过讲解各种战术体系的原理和应用，如全攻全守战术、防守反击战术等，让学生从理论层面理解战术的内涵，更好地在实践中运用战术。

第二节 现代足球运动发展

一、足球赛事全球化与影响力扩大

现代足球赛事已经成为全球范围内最具影响力的体育盛宴之一。世界杯作为足球领域的顶级赛事，每四年一次的举办都吸引了全球数十亿观众的目光。从赛事筹备到比赛进行，世界杯涵盖了各个国家和地区的球队参与，其比赛的精彩程度和竞技水平代表了现代足球的最高水准。各国为了世界杯的参赛资格展开激烈的角逐，世界杯比赛期间，整个世界都沉浸在足球的狂欢之中，它不仅是体育比赛，更是一种文化现象，促进了不同国家和民族之间的交流与融合。

欧冠联赛同样具有巨大的影响力。欧洲各大俱乐部在欧冠赛场上展现出了高超的足球技艺，欧冠赛事的商业价值和竞技价值都极高。各大俱乐部之间的强强对话吸引了全球球迷的关注，欧冠的成功推动了欧洲足球的发展，同时也对世界足球的发展产生了深远的影响，其赛制的科学

性和精彩程度成为其他洲际足球赛事学习的榜样。

此外,各大洲的洲际杯赛以及各国的国内联赛也在蓬勃发展。这些赛事相互交织,形成了一个庞大的足球赛事网络,为足球运动员提供了更多展示自己的平台,也为球迷带来了丰富多彩的足球盛宴,使得足球运动在全球范围内的影响力不断扩大。

二、足球技术与战术的革新

现代足球技术呈现出精细化和多样化的发展趋势。在控球技术方面,球员的控球能力越来越强,能够在高速奔跑和激烈对抗下依然保持对球的精准控制。例如一些顶级球员可以在多人包夹的情况下,利用细腻的脚法摆脱防守,这种控球技术的提升得益于训练方法的改进和对足球运动规律的深入研究。

射门技术也有了新的发展。现代足球比赛中,远射的精准度和力量都有了很大提高。球员们在禁区外的远射成为一种重要的得分手段,他们可以通过独特的射门技巧,如C罗的电梯球、内马尔的弧线球等,在远距离攻破对方球门。同时,门前抢点射门的技术也更加多样化,球员在禁区内的跑位更加灵活,射门的选择也更加丰富。

在战术层面,全攻全守战术得到了进一步发展和完善。球队在进攻和防守时更加注重整体性,球员之间的换位更加频繁。在进攻时,前锋球员也会参与防守,而防守球员在获得球权后会迅速参与进攻。这种战术要求球员具备全面的能力,能够在不同的位置上发挥作用。同时,防守反击战术也有了新的变化,球队在防守时更加注重对球的逼抢和对反击机会的把握,反击的速度更快,更具杀伤力。

三、足球运动员培养体系的优化

现代足球运动员培养体系更加注重全面发展和个性化培养。在青少年足球培养阶段,越来越多的国家和俱乐部开始重视球员的文化教育和综合素质培养。球员不仅要接受足球专业训练,还要学习文化知识,培养良好的品德和团队协作精神,这种全面发展的培养模式有助于球员在职业生涯中更好地应对各种挑战。

在训练方法上,采用了更加科学的手段。利用先进的运动科学技术,如运动生物力学分析、运动生理学监测等,对球员的训练进行个性化设计。根据球员的身体特点和技术水平,制订专属的训练计划,提高训练的针对性和有效性。例如通过对球员奔跑姿势和发力方式的生物力学分析,调整训练内容,帮助球员提高速度和减少受伤风险。

此外,国际的足球人才交流日益频繁。年轻球员有更多机会到不同国家和俱乐部接受训练和比赛,这种跨国培养模式拓宽了球员的视野,让他们接触到不同的足球文化和训练方法,促进了足球人才的成长和发展。

四、足球产业与商业价值的提升

足球产业在现代社会中呈现出蓬勃发展的态势。从足球俱乐部的商业运营来看,门票销售、转播权出售、赞助商合作等方面都取得了巨大的收益。豪门俱乐部的门票往往一票难求,球场的上座率不断提高。转播权的出售更是成为俱乐部重要的收入来源,随着电视转播技术的发展和全球足球市场的扩大,转播费用逐年攀升。赞助商也纷纷与足球俱乐部和赛事合作,通过品牌推广获得巨大的商业回报。

足球相关产品的市场也日益繁荣。包括足球装备、足球纪念品、足球游戏等领域都有了很大的发展。足球装备制造商不断研发新的技术和材料,提高足球鞋、足球服等产品的性能和舒适度。足球纪念品的种类越来越多,满足了球迷收藏和纪念的需求。足球游戏的制作也越来越精良,吸引了大量玩家,进一步扩大了足球的商业影响力。

第三节 足球运动的特点与作用

足球运动是目前世界上开展最为广泛、影响力最大的体育运动项目,被誉为"世界第一运动"。足球运动所具有的独特魅力吸引了成千上万的现场观众和数以亿计的电视观众,有的人不惜花费重金前往赛场观看赛事。总之,足球运动已经成为人们生活中不可缺少的一部分。

一、足球运动的主要特点

(一)比赛场地大、人数多、时间长、运动量大

在正式的足球比赛中,两队各有 11 名队员奔跑在 7000 多平方米的场地上,进行 90 分钟紧张激烈的进攻与防守对抗。特别是在一场高水平的足球比赛中,一名优秀运动员在整场比赛中的跑动距离长达 8000～14000 米。当在规定比赛时间内打成平局、尚需决定胜负时,则还要进行 30 分钟的加时赛,甚至还要互射点球来决定胜负。因此,足球运动员的体力消耗很大。据研究,一个足球运动员在一场足球比赛中的能量消耗约为 2000 千卡,体重会下降 2～5 公斤。

(二)对抗激烈、拼抢凶猛

足球比赛以射门进球多少判定胜负。为此,比赛的双方都竭力把球踢进对方球门,同时阻止对方将球踢入本方球门。双方队伍围绕着争夺控球权展开激烈的拼抢和对抗,尤其是在罚球区附近的拼争尤为激烈,因而高强度的对抗性已成为现代足球运动的重要标志之一。

(三)技术动作多、战术复杂、难度大

足球比赛规则规定,在足球比赛中除了守门员外,其他任何队员都不准用手触摸球。因此,锋卫队员除手臂以外的身体其他部位都可以用来控制球,但多数动作是用脚来完成。因为用脚控制球,所以身体的平衡也只能依靠单脚来维持。对守门员而言,其任务和作用以及活动范围决定了他的多数技术动作是用手来实现的,同时其身体又多是在非正常的状态下完成动作。因此不论是锋卫队员还是守门员,在运用技术动作时经常因对手的干扰和阻挠而受到限制。

足球战术有许多种,任何一支球队在比赛之前,教练员都要根据主客观的情况,布置本场比赛应采用的战术。但是,预想不到的情况在比赛中

仍会不断出现。因此,比赛能否取得胜利,除了与战术、身体训练水平及意志品质有关外,还在很大程度上取决于运动员能否根据比赛中随时变化的情况而采取符合比赛规律和要求的战术。由于参加比赛的人数多,协调统一行动也很困难,所以足球运动又是一项难度很大的运动项目。

二、足球运动的主要作用

(一)增进健康和提高身体素质

经常参加足球运动能锻炼人体的肌肉、骨骼,并且能有效地增强血液循环系统、呼吸系统、内脏器官和神经系统的功能,从而促进人体健康,有助于发展力量、速度、柔韧、灵敏和耐力等身体素质。

(二)振奋精神,鼓舞斗志

开展足球运动能丰富人们的业余文化生活,提高人们工作、学习的积极性和劳动效率。尤其是球队在参加国际性重大比赛所取得的胜利,能够有效地激发人们的爱国热忱,振奋人们的精神,鼓舞人们的斗志。

(三)是国家间交流的工具

事实证明,国际性足球比赛能增进国家间的了解和友谊。因此,现代足球运动已被广泛地应用于国际交往,成为国家间交往的一种工具。所以,从一定意义上讲,现代足球运动所具有的价值远远超过体育运动本身。

第四节 高校足球教学中的人文素质教育和关怀

一、人文素质教育的内涵与重要性

在高校足球教学中,人文素质教育有着深刻的内涵。它包括培养学生的道德品质、团队协作精神、竞争意识和文化素养等多个方面。道德品质是人文素质的基石,在足球教学中,要教育学生遵守比赛规则,尊重对手、裁判和观众。例如在比赛中即使面对对手的犯规或不公正判罚,也要保持冷静和理智,避免冲动行为,这种品德教育有助于学生在生活中养成良好的道德修养。

团队协作精神是足球运动的核心价值之一。足球是一项集体运动,每个球员在场上都有自己的职责,但只有相互配合才能取得胜利。在教学中,通过组织团队训练和比赛,让学生明白自己是团队的一员,要为团队的利益而努力。比如在进攻战术的训练中,边锋要为中锋创造机会,中场球员要为前锋输送炮弹,后卫要为守门员提供保护,这种团队协作的体验可以培养学生的集体荣誉感和责任感。

竞争意识也是人文素质教育的重要内容。足球比赛充满了竞争,通过比赛,学生可以学会面对挑战和压力,培养坚韧不拔的意志。在竞争中,学生要不断努力提高自己的技术和战术水平,同时也要学会接受失败,从失败中吸取经验教训,这种竞争意识的培养有助于学生在未来的职业生涯和生活中更好地应对困难。

文化素养在足球教学中也不容忽视。足球有着丰富的文化内涵,从足球的历史、规则到各个国家和地区的足球文化,都可以成为教育学生的素材。通过了解足球文化,学生可以拓宽视野,增强文化认同感,提高自身的综合素质。

二、在足球教学中融入人文素质教育的途径

在足球技术和战术教学中融入人文素质教育是一种有效的途径。在技术教学中,教师可以通过讲解技术动作的历史渊源和文化背景,让学生在学习技术的同时了解足球文化。例如在教授巴西球员的过人技巧时,可以介绍巴西足球文化中对个人技术的崇尚,以及这种文化对巴西足球发展的影响。在战术教学中,强调团队协作的重要性。通过分析著名球队的战术体系,如巴塞罗那队的 Tiki-Taka 战术,让学生明白这种战术是如何通过球员之间的紧密配合来实现的,培养学生的团队协作精神。

在比赛实践中培养人文素质也是关键。在组织校内足球比赛时,制

定严格的比赛规则和道德规范，要求学生遵守相关的比赛规则。比赛前，举行庄重的开幕式，强调比赛的公平、公正和友谊第一的原则。在比赛过程中，教师要及时对学生的行为进行引导和监督，对于遵守规则和表现出良好道德品质的学生进行表扬，对于违反规则或有不文明行为的学生进行教育和纠正。比赛结束后，举行颁奖典礼，不仅奖励获胜的球队，也要对在比赛中展现出优秀人文素质的个人和团队进行表彰，营造良好的比赛氛围。

此外，开展足球文化活动也是融入人文素质教育的重要方式。可以组织足球知识讲座、足球文化展览等活动。足球知识讲座可以邀请足球专家、退役球员等为学生讲解足球的历史、战术理论和国际足球发展趋势等内容。足球文化展览则可以展示不同国家和地区的足球文化特色，包括球队队徽、著名球星的照片和事迹、足球比赛的经典瞬间等，让学生在欣赏足球文化的同时，受到人文素质的熏陶。

三、对学生的人文关怀：促进全面成长

在高校足球教学中，对学生的人文关怀体现在多个方面。首先，关注学生的身体状况和安全是至关重要的。在足球训练和比赛前，要做好充分的准备活动，预防学生受伤。教师要了解每个学生的身体状况，对于有特殊身体情况的学生，如患有慢性疾病或旧伤未愈的学生，要制订个性化的训练计划，避免过度训练导致病情加重或再次受伤。在训练和比赛过程中，一旦有学生受伤，要及时进行处理，配备专业的医疗人员和急救设备，确保学生的安全。

心理关怀也是人文关怀的重要内容。足球比赛有胜负之分，有些学生可能会因为比赛失利而产生挫折感和失落感。教师要及时与这些学生进行沟通，帮助他们调整心态，鼓励他们从失败中吸取经验教训。同时，对于在训练和比赛中表现出色的学生，也要给予适当的心理支持，防止他们因为过度骄傲而影响后续的发展。在日常训练中，营造轻松愉快的氛围，让学生在没有压力的环境下享受足球的乐趣。

此外，关注学生的个体差异也是人文关怀的体现。每个学生的足球基础和天赋都不同，教师要根据学生的实际情况因材施教。对于足球基础较弱的学生，要给予更多的耐心和指导，帮助他们逐步提高技术水平。对于有足球天赋的学生，可以为他们提供更多的发展机会，如推荐参加更高水平的比赛或训练，充分发挥他们的潜力，让每个学生都能在足球教学中得到全面的成长。

第二章　高校足球技能教学理论研究

第一节　高校足球运动技术教学基本理论

足球的基本技术主要有踢球、停球、运球、头顶球、抢截球、接球以及守门员技术等。

一、踢球

踢球技术是足球技术中的主要技术之一。踢球是有目的地进行射门或把球传给同伴。踢球的方法有很多,按脚与球的接触部位可分为脚内侧踢球、脚背正面踢球、脚背外侧踢球等。

(一)脚内侧踢球

脚内侧踢球是用脚的内侧接触球的一种踢球技术。其特点是脚与球的接触面积大,出球平稳、准确。但由于踢球时踢球腿必须屈膝外展,使得运用该技术时腿的摆幅和摆速都受到一定程度的限制,故力量小、距离近。它适用于踢定位球或踢来自不同方向的地滚球、空中球,在短传配合中被广泛使用。

(二)脚背正面踢球

脚背正面踢球又称正脚背踢球。在整个动作中,运动员的踢球腿摆幅相对较大,且脚背与球的接触面积相对较大,因而踢球力量大、准确性高、球的方向及性质变化较小。脚背正面踢球适用于踢定位球、空中球、反弹球和倒钩球等。

(三)脚背外侧踢球

脚背外侧踢球又称外脚背踢球,其特点是踢球腿摆幅小、出脚快、出球方向和性质灵活多变,具有一定的隐蔽性,实用性较强。脚背外侧踢球适用于踢定位球和向外旋转的弧线球。

二、停球

停球是指运动员有目的地运用身体的合理部位,将运行中的球控制在所需范围内。比赛中常用的停球方式有:脚内侧停球、脚底停球和胸部停球等。

(一)脚内侧停球

脚内侧停球适用于停空中球和停地滚球。

1. 停空中球

支撑脚踏在球的落点侧方,膝关节弯曲,上体稍前倾并向停球方向微转。同时,停球脚提起,踝关节放松,用脚内侧对准球的反弹方向。当球落地反弹时,用脚内侧压球的后中上部。如果要把球停向左侧,支撑脚应踏在球落点的左侧方,脚尖指向左侧,同时上体也向左侧前倾。

2. 停地滚球

面对来球,原地站稳,膝关节微屈,停球腿屈膝外转并前迎。脚尖翘起,在球与脚接触前的瞬间开始后撤,向下轻压,将球停在身前。如果来球力量较大,停球脚须稍后撤,以将球停住。

(二)脚底停球

脚底停球适用于停地滚球和停反弹球。一般初学者采用较多。

1. 停地滚球

支撑脚踏在球的侧后方,膝关节微屈,脚尖正对来球。同时停球脚提起,膝关节自然弯曲,脚尖翘起高于脚跟,脚跟离地面稍低于球,踝关节放松,用脚前掌触球的后中上部,触球瞬间脚踝轻轻下压。

2. 停反弹球

身体正对来球,支撑脚踏在球的落点侧后方,停球脚的前脚掌对准球的反弹方向,触球的后中上部,在球刚刚反弹的一刹那,脚踝轻轻下压。

(三)胸部停球

胸部停球触球面积大、位置高、有弹性,适用于停高球和空中平直球。胸部停球有收胸停球和挺胸停球两种方法。

1. 收胸停球

准备停球时,面对来球,两脚前后开立。当球到来的瞬间,重心立马后移,收胸、收腹挡压球,以缓冲来球力量,把球停在身前。

2. 挺胸停球

面对来球,两臂自然张开,两脚前后开立,重心落到两脚之间,两膝微屈。在球与胸部接触时,两脚蹬地稍上挺,上体稍后仰,用挺胸动作把球停在自己的控制范围内。

三、运球

运球技术是运动员在跑动中用脚向跑动方向推击球,使球始终处于自身的控制范围之内的技术。在高校足球运动中,广义的运球不仅包括让球随人运动,还包括运球越过对方的防守。在足球比赛中,运动员运球的目的是完成战术配合、控制比赛节奏,趁机突破和瓦解对方防线,寻找机会传球或射门。常用的运球方法有脚内侧运球、脚背外侧运球、脚背内侧运球和其他运球技术。

(一)脚内侧运球

运球时,要求运动员的支撑脚始终位于球的侧前方,支撑脚始终领先于球。运球过程中,肩部指向运球方向,支撑腿膝关节微屈,重心放在支撑腿上,另一条腿提起并屈膝,用脚内侧推球前进,然后运球脚着地。

(二)脚背外侧运球

脚背外侧运球又称脚背正面运球。在运球时,运动员的身体保持正常的跑动姿势,上体稍前倾,步幅不宜过大,运球脚提起,髋关节前送,膝关节稍屈,脚尖内转下指,在着地前,脚背正面部位触球的后中部将球推送前进。

(三)脚背内侧运球

脚背内侧运球时,运动员的身体应稍侧转并自然协调放松,步幅小,上体前倾,运球脚提起外展,膝微屈外转,脚跟提起,脚尖外转,使脚背内侧正对运球方向,在运球脚落地前用脚背内侧推拨球,将球推送前进。

(四)其他运球技术

1.拨球

拨球技术是指运动员利用踝关节向内侧的转动,用脚背内侧或脚背外侧触球,将球拨向身体的前方、侧方和侧后方的运球技术。拨球的动作比较轻,主要目的是将球拨离身体指向预想的方向。

2.扣球

扣球技术是指运动员运用转身和脚腕急转压扣的动作触球,将球迅速停住或改变方向的运球技术。动作方法与拨球基本相同,不同之处在于它是突然的用力,往往伴随着突然转身或急停,使对手在来不及调整重心的瞬间,向反方向拼命送球以越过对手的防守。

3.拉球

拉球技术是指运动员用脚底将球从前方后拖的动作技术。拉球时,应将前脚掌放在球的上部或侧上部,另一只脚放在球的侧后方支撑,然后触球向后下方用力将球拉回。拉球除往回拉外,也常向左右侧拉。回拉球一般都是在躲开或引诱对方出脚抢球的瞬间将球拉回,造成对方抢球落空,使其重心随抢球脚前移,趁对手难于返回的瞬间将球迅速推送出去以越过防守者,从而突破对手的防线。

四、头顶球

头顶球技术是指运动员有目的地用前额将来球击向预定目标的动作技术。在足球比赛中,不同形式、不同状态、不同高度的来球都有可能出现,当运动员遇到胸部以下部位不能或很难接触到来球的情况时,就需要用头部来处理来球。头顶球技术是争取时间、夺得空中优势的一项重要技术,常用于抢截、传球和射门等。它主要有前额正面顶球和前额侧面顶球两种。

(一)前额正面顶球

面对来球,两脚自然开立,两膝微屈,上体后仰,两眼注视来球,两臂自然张开,当球接近身体垂直线时,两脚用力蹬地,上体由后急速前摆,收腹,颈部保持紧张并做点头动作,用前额正中部位将球顶出。

(二)前额侧面顶球

面对来球,两脚左右(前后)开立,膝稍屈,上体和头偏向一侧,借脚蹬地和转体,同时用力向击球方向甩头,用前额侧面部位将球顶出。

五、抢截球

抢截球技术是一种积极有效的防守技术手段,利用争夺、堵截、破坏以延缓或阻拦对方的进攻。在防守中,最重要的是要牢固树立积极防守的指导思想。所以,在防守中要主动出击,积极抢截。在技术方面则要求运动员善于准确判断对方的行动和意图,选择有利时机,抢占有利位置,及时采取有效的抢截动作。

防守队员选择抢截时机,首先应采用最积极的截球动作破坏对方的进攻。当时间、位置不利而无法抢截时,就应选择对方注意力集中在接球的时候进行抢截。如果对方已牢固地控制球并从正面突破,要善于利用对方行动的空隙,以迅猛有效的动作出其不意地进行抢截。对方注意力集中在接球或传球的一刹那,是抢截的最好时机,防守队员应抓住这一时机,突然出脚抢球。

六、接球

接球技术是运动员有目的地运用身体的合理部位将运行中的球接下来,并控制在一定范围内的技术。接球技术的质量好坏将直接影响接球后下一个技术动作的实施,因此,在足球运动中,熟练掌握正确的接球技术很重要。常见的接球动作包括脚背内侧接球、脚背外侧接球、脚背正面接球、脚底接球、大腿接球、胸部接球、头部接球。

(一)脚背内侧接球

这是用脚内侧部位去接球的一种技术。由于脚触球面积大、动作简单,较易掌握。在比赛中,运动员经常使用这种技术去接各种地滚球、平球、反弹球、空中球。

(二)脚背外侧接球

脚背外侧接球在连接传球或射门动作时具有良好效果,尤其适用于接球变向,所以教练员应鼓励运动员使用此部位接球。接球时脚应内转,把球推送至身体外侧。练习初期,对此动作的掌握会有困难,这种困难多数是因为对触球的时机判断不准。

(三)脚背正面接球

这种方法多用于接有较大抛物线的来球。运动员要根据球的落点,及时移动到位,脚背正面上迎下落的球。在球与脚背接触的一瞬间,接球脚与球下落的速度保持一致并下撤,此时大腿膝关节、踝关节、脚趾均保持适度的紧张,脚尖微翘将球接到需要的地方。

脚背正面接高空落下的球时,也可以将脚微抬起,并适度背屈,当球接触脚背的瞬间,踝关节放松将球接到身体附近。两眼注视来球,准确判断落点,主动迎球,抬大腿,以正脚背向上迎球。当脚背将要触球时,接球腿根据来球的力量、速度向下撤引,球随脚背落在脚下。

(四)脚底接球

脚底接球是用脚的前脚掌下压球,将球停住的接球方法。由于脚底接触球的面积大,容易把球停住,同时可以用脚前掌对球做推、拉等动作,使球能灵活地改变方向,便于连接下一个动作,因此该动作在实际中运用得比较多。脚底接球可以接地滚球和反弹球。

在接控身前的高球或反弹球时,使脚底与地面之间形成楔形。脚底控球时要触球的后上部,使球同时接触脚底和地面。球一旦停死会有利于防守队员的逼抢,所以应注意迅速连接下一动作。此技术熟练后,可在脚触球的同时回拉球。

(五)大腿接球

由于大腿部位的肌肉多,因此接球时有更好的缓冲作用。触球部位是大腿中部,触球应抬腿屈膝迎球,触球时大腿下撤,使球弹落在脚前。

(六)胸部接球

胸部是人体肌肉较丰满的部位之一,面积大,又处于人体的较高部位,所以对于接高空球及高于腰部以上的球有着得天独厚的优势。同时,由于用胸部接球时人的身体呈现出优美大方的姿态,潇洒自然,显示出一种艺术的美感,容易使人产生一种模仿和学习的愿望,因此该动作很受足球爱好者的青睐。胸部接球有挺胸式和收胸式两种方法。

(七)头部接球

看准来球,判断好球的运行路线和落点,使身体正对来球,用前额正面接触球的中下部,下颌微抬,两臂自然张开,触球瞬间全脚掌着地,屈膝,缩颈,全身保持接球姿势,下撤将球接在所需要的位置。

七、守门员技术

在足球比赛中,守门员是唯一能用手触球的运动员,但只能在本方罚球区内用手触球。优秀的守门员必须具有良好的弹跳力、判断力和反应能力。守门员技术包括位置选择、准备姿势、移动、接球、扑球、拳击球、托球、运球、掷球和踢球等,但主要是接球技术。

第二节 高校足球运动基本技术教学实践

一、踢球技术教学分析

(一)脚背正面踢球

1.脚背正面踢定位球

学生在助跑的最后一步稍大些,支撑脚积极着地支撑,在球的侧面10~12厘米处,以踢球腿的脚尖正对出球方向,膝微屈,小腿屈曲,踢球腿随跑动向后摆动,支撑的同时踢球腿以髋关节为轴,大腿带动小腿由后向前摆动。当膝关节摆至接近球的正上方时,小腿做爆发式的摆动,脚趾屈,以脚背正面部位击球的后中部,击球后身体及踢球腿随球前移。

2. 脚背正面踢侧面半高球

学生应准确判断好来球速度及运行轨迹,并选好击球点,使身体侧对出球方向,身体向支撑脚一侧倾斜,踢球腿抬起,大腿伸、小腿屈,大腿带动小腿由后向前急速摆动,用脚背正面击球的中部。击球的同时身体向出球方向扭转,击球后踢球脚随球前摆着地以维持身体的平衡。

3. 脚背正面踢地滚球

助跑的最后一步应以支撑脚在球的侧方 10~15 厘米处着地,脚尖正对出球方向,膝微屈,同时踢球脚向后摆起,膝弯曲。支撑脚着地瞬间,大腿以髋关节为轴带动小腿由后向前摆,当膝盖摆至接近球的垂直上方时,小腿加速前摆,脚背绷直,脚趾扣紧,以脚背正面踢球的后中部。

4. 脚背正面踢反弹球

和脚背正面踢侧面半高球一样,学生应先准确判断来球的速度、运行轨迹、落点,并选好击球点,使支撑脚踏在球落点的侧面。在球落地的同时,踢球腿爆发式前摆,在球刚弹离地面时,用脚背正面击球的中部,并控制小腿的上摆幅度(送髋、膝关节向前平移),出球后注意保持身体的平衡。

5. 脚背正面踢倒钩球

学生应根据来球的速度、运行轨迹,选好击球点,快速、准确地移动到位。选择支撑位置时应考虑将击球点放在身体的前上方,支撑腿膝关节微屈,上体后仰,踢球腿以髋关节为轴向上方摆动,当球落到身体前上方适当高度时,用脚背正面击球后部,将球向身后踢出。

6. 凌空踢倒钩球

学生应根据来球的速度、运行轨迹,选好击球点,及时移动到位。踢球腿蹬地起跳的同时另一条腿上摆,身体后仰腾空,目视来球,蹬地腿在离地后迅速上摆的同时,另一条腿则向下摆动(以相向运动来保证身体在空中的平衡),以脚背正面击球的后部。踢球后,两臂微屈,手掌向下,手指指向头部相反方向着地,屈肘,然后背、腰、臀部依次滚动式着地,注意落地缓冲。

7. 搓击球

搓击球时，学生应使用脚背正面与脚趾连接部位接触球，踢球前，踢球腿的摆动主要依靠小腿的前摆。助跑和支撑与脚背正面踢定位球相同。当脚插入球下部触球的一瞬间，脚背屈，小腿做急速向上提摆动作，踢球腿给予球的力量不通过球的重心，使球产生回旋。

8. 抽击球

抽击球时，学生应用脚背正面踢下落的空中球（球下落到膝关节以下位置）及地面球（多为定位球）。踢球时踢球腿给予球的力量不通过球的重心，使球产生强烈的前旋。因为该动作使球飞行一段距离后出现迅速下坠的现象，可以给对手造成错觉，故抽击球多用于远射。

（二）脚背内侧踢球

1. 脚背内侧踢定位球

踢球前学生尽量以斜线助跑，助跑方向应与出球方向约成45度角。助跑的最后一步稍大，以支撑脚脚底积极着地，脚尖指向出球方向，距球内侧后方20～25厘米，微屈膝。支撑腿完成支撑的同时，踢球腿基本完成后摆，大腿以髋关节为轴带动小腿由后向前摆动，当大腿摆至与支撑腿接近同一平面时，小腿做爆发式摆动，使脚尖外转、脚背绷直，以脚背内侧部位触及球。击球后踢球腿及身体继续随球向前。

2. 脚背内侧踢内弧线球

踢球时，学生应明确击球点的位置，即在球的后外侧击球。击球刹那，踝关节内旋发力，脚趾勾翘，使球内旋并呈弧线运行。

3. 脚背内侧搓踢过顶球

踢球时，踢球脚的脚背略平，插入球的底部做切踢动作。要特别注意的是，击球后脚不随球前摆。

4. 转身脚背内侧踢球

学生在踢球助跑的最后一步可略带跨跳动作，支撑脚的脚趾和膝关节尽可能转向出球方向，在球的侧前部击球，并利用腰的扭转协助完成摆踢动作。

(三)脚背外侧踢球

脚背外侧踢定位球的助跑、支撑脚站位、踢球腿摆动均与脚背正面踢球技术基本相同,不同的是用脚背外侧部位触球。触球瞬间,要求学生的膝关节和脚尖内转,脚背绷紧,脚趾紧屈并提膝,触(击)球后身体随踢球腿的摆动前移。

(四)脚内侧踢球

1. 脚内侧踢定位球

以直线助跑,支撑前的最后一步稍大些,支撑脚踏在球的侧面约15厘米处,脚尖正对出球方向,支撑腿膝关节微屈。支撑脚着地的同时,踢球腿大腿带动小腿由后向前摆动,在前摆的过程中大腿外展,当膝关节的摆动接近球的正上方时小腿做爆发式摆动,在触球前将脚跟送出使得脚内侧部位所形成的平面与出球方向垂直,踢球脚脚底与地面平行,脚尖微翘,踝关节功能性的紧张使脚型固定,触(击)球后身体前移,向前送髋。

2. 脚内侧踢空中球

踢球前,学生应准确判断来球速度和运行轨迹,及时移动到位。踢球大腿抬起并适当外展,小腿微屈并绕额状轴稍向后摆,利用小腿绕额状轴由后向前摆动,当摆至额状面时与球接触,用脚内侧击球的中部。

(五)脚尖踢球

脚尖踢球又称为脚尖捅球,是一种用脚尖部位接触球的踢球技术。由于脚尖踢球时出球异常迅速,所以多在雨天场地泥泞时使用。脚尖踢球可以充分利用踢球腿的最大长度,适合踢那些距离身体较远的球。学生在来不及进一步接近球、准备运用脚尖踢球时,应用支撑腿跳跃上步,踢球腿屈膝前跨,髋关节尽量前送,两臂上摆协助身体向前,小腿前伸,在踢球脚落地前用脚尖捅球的后中部。踢球后注意保持身体的稳定性。

(六)脚跟踢球

脚跟踢球是用脚跟(跟骨的后面)接触球的一种踢球技术,特点是踢球腿产生的力量小,但因出球方向向后,所以具有隐蔽性和突然性。

1. 脚跟踢内侧球

球在支撑脚内侧时,踢球脚后摆用脚跟踢球。踢球时,屈膝提腿,小腿爆发式后摆,脚尖翘起,脚后跟踢球的前中部。

2. 脚跟踢外侧球

球在支撑脚外侧时,踢球脚在支撑脚前面交叉摆到支撑脚外侧用脚跟击球。具体为踢球脚先自然前摆,当摆过支撑脚时,迅速向支撑脚一侧交叉后摆,脚尖翘起,用脚后跟踢球的前中部。

二、足球运动基本技术训练指导

(一)基本踢球技术训练指导

1. 基本踢球技术训练

(1)无球模仿训练。学生选择一片平整的场地,在地面上设想有一目标,跨步上前做踢球动作,然后过渡到慢速助跑踢球的模仿动作练习,最后可做快速助跑踢球的模仿动作练习。练习中应注意设想触球一瞬间踢球脚踝关节固定和脚背绷紧的感觉。

(2)踢定位球训练。可利用足球墙、足球网自己练习,也可采用各种形式的对练,练习的距离由近至远。练习过程中,应注意将练习重点放在动作的协调性和准确性上,而不是放在踢球的力量上。

(3)踢固定球训练。两人一球,一人把球踩在脚下,另一人用脚的不同部位踢球,体会脚的触球部位。反复进行后两人交换练习。

(4)踢地滚球训练。两人一组,练习者通过观察、判断同伴踢来的球的速度和方向,调整自身的控制能力,并根据出球目标选择支撑脚的站位,用固定的脚法踢同伴从不同方向踢来的球。

2. 踢球技术脚法训练

(1)两人一组,一人喂球,另一人踢同伴从正面、侧面或侧后方传来的球。

(2)限定脚法,向固定目标踢球。

(3)利用标杆做踢旋转球训练:将标杆插在踢球者与墙之间,标杆与人及墙的距离视练习者的技术掌握程度和训练需要而定。

(4)使用足球墙充分利用练习时间增加练习次数。

(5)距墙5米进行踢球打墙练习。练习过程中注意强调小腿的摆动、脚与球接触面、支撑环节是否正确。

(6)反复踢静止球,练习一段时间后,逐步增加踢个人控制的活动球及足球墙所碰回来的活动球。

(7)结合接球进行踢球训练:两人一组,两人练习踢定位球,辅以接球练习。

(8)结合传球进行踢球训练:进行踢活动球练习,可相隔一定的距离,两人或多人进行不停顿的连续传球练习。

(二)基本接球技术训练指导

1. 单独接球训练

(1)将球向上抛起或踢起,球下落时选择身体合适部位停空中球或反弹球。

(2)利用足球墙的训练:采用足球墙练习各种方法接地滚球。由开始原地接逐渐过渡到迎上去接,或由开始的把球接在脚下逐渐过渡到把球接到设想的适宜位置上去。根据需要可加大踢球力量,提高反弹球速,增加接球难度。另外,也可练习接反弹球与空中球。

2. 合作接球训练

(1)互抛互接,练习接空中球或反弹球。抛球力量由小到大,距离由近到远,速度由慢到快。

(2)运球的同时练习接地滚球、空中球或反弹球等。

(3)两人一组,相对站立,相距5米,一人用手抛球,另一人利用身体的各种合理部位(如大腿、腹部、胸部、头部)进行接各种空中球的练习,可逐渐加大距离、加大力量(或增加旋转)以适应各种变化的来球。

(4)两人一组,相对站立,相距10米,一人踢地滚球,另一人迎上去接球。

(5)两人一组,相距15~20米,一人接另一人的传球。要求一人必须在移动中或跑动中接球转身,然后传给另一人,另一人同样做移动或跑动中接球。

(6)两人一组,在一定范围内跑动,相互之间传接球,要求传出性质不同的球、使用多种方法接球。距离近时以地滚球为主,距离远时以空中球为主,以提高接球能力。

(7)三人一组,相距10米站成一条直线,甲传球给中间的乙(正对接球人传,或传到接球人附近),乙迎上来接球转身,传给另一端的丙,丙迎上接球然后再回传给乙,乙接球转身传给甲,如此循环往复。中间位置的人可轮流交换,也可采用这种方法训练接反弹球与空中球,并要适当地加大距离。这种形式也可用来交叉训练接地滚球、反弹球与空中球。若甲传给距离20米外的丙(越过乙的头顶),丙就可以练习接反弹球与空中球,再传地滚球给乙,乙练习接地滚球转身后再传给甲,甲接地滚球后再传给乙。乙的位置可以轮流交换,甲乙位置和传出的球也可变换。

(三)基本运球技术训练指导

1. 基本运球技术训练

(1)圆周运球:练习者可沿中圈做圆周运球,运球一周后将球传给下一个练习者,依次进行。

(2)曲线运球:设旗杆障碍若干,杆距1.5～2米,练习者曲线运球绕过旗杆障碍。

(3)变速运球:练习者持球在一定范围内匀速运球,听教练员发出信号后即做变速运球。也可以旗杆为标记,规定某段距离以慢速运球,某段距离以快速运球。

(4)拉球训练:选择一定的空场地进行自由运球,听到既定口令后立刻用一只脚做支撑脚,另一只脚用脚前掌触球顶部,拉球绕支撑脚做圆圈运动。

(5)防守队员消极抢球,做各种防守动作来干扰控球队员的注意力。若防守队员向左侧跨步,控球队员应从右侧运球突破。练习中应要求队员牢牢控球于脚下,视情况迅速变向,运球突破时应加速超越防守队员。

(6)控球队员向位于中线的防守队员靠近,防守队员只允许在线上左右移动。

2. 运球转向技术训练

(1)无球模仿各种转身运球技术。

(2)在空场地上进行自由运球,听到既定口令后用一只脚支撑,另一只脚拉球至身后,沿拉球脚一方转体180度,继续运球。

(3)每人一球,慢动作模仿转身运球技术。

(4)每人一球,在行进间运球,听教练员信号,做转身运球练习。

3. 运球过人技术训练

运球过人是在运控球的基础上,根据战术需要以及对手的防守位置和重心变化情况,利用速度、方向或动作变化,获得时间和空间位置上的优势,从而突破防守的一种技术手段。运球过人从动作过程上可大体分为三个阶段:

(1)逼近调动阶段。当运球逼近防守队员时,重心下降,步幅变小。在控好球的同时,利用各种假动作诱骗对手,造成对手在防守中出现错误或漏洞;

(2)运球超越阶段。在攻防对峙中,运球队员运用假动作诱使对手,并利用速度或方向的变化创造出突破的时间差和位置差,然后利用快速运球超越对手;

(3)跟进保护阶段。在进行突破动作的同时,身体重心应积极向球侧倾移,以保证超越后重心随球跟进,拉开与对手的距离,以巩固和发展突破对手的优势。为达到运球突破的目的,应在行动上注意以下三点:

第一,突破时机。突破时机是指攻防队员由于意识与行动上的错位,而产生的一种有利于突破的时间与空间位置上的差距。过人的时机要根据对手的防守情况来决定,一般是在遇到对手犹豫不决时,控球者突然起动,强行越过对手。

第二,突破距离。准备过人时,一般与对手保持一大步的距离为好,对手虽有可能触到球,但不能先于控球人触到球。在对手伸腿争抢时,可快速地运用过人技术,使对手转身不及而被越过。

第三,速度和方向的变化。运球越过对手时,掌握球运行速度和方向的变化关键在于变化的突然性、敏捷性和多样性。只有能随心所欲地改变球的速度和方向,才能根据对手争抢球时重心的移动,准确地掌握越过对手的时机,使对手猝不及防。

4. 运球过人技术方法

运球过人在技术方法的形式上多种多样,但都是利用运球者速度或方向的变化,达到突破对手的目的,下面介绍几种典型的运球过人方式。

(1)强行突破。强行突破是指以突然推球与快速起动相结合的动作越过对手的过人方式。采用此方法过人时应注意以下四点:

第一,队员奔跑速度快,起动动作快而突然;

第二,准确掌握起动的时机,一般应在对手企图抢球而又犹豫不决的一刹那;

第三,对手的身后有较大的空当,突破后攻方队员不能及时补位;

第四,推拨球的距离要稍远些,以便加快奔跑速度超越对手。

(2)运球假动作突破。运球队员利用腿部、上体、头部虚晃或眼神,佯作传球或射门以迷惑对手,使其产生错误判断,从而乘机运球突破。采用此方法过人时应注意以下四点:

第一,将主要精力集中在观察对手的反应和动作上;

第二,随时准备,能突破就突破,不能突破也要控制住球;

第三,假动作要逼真,但晃动时重心不能超过支撑点;

第四,由晃到拨的动作要突然而快速。

(3)快速拉、扣、拨球突破。以单、双脚快速拉、扣、拨球,不断变换运球方向,使对手很难判断运球突破的方向和时机。当对手在堵截中露出空当时,快速运球突破。采用此方法过人时应注意以下四点:

第一,拉、扣、拨的动作必须熟练而准确;

第二,随时观察对手的反应,一有机会,马上突破;

第三,身体重心的移动和起伏不宜过大;

第四,要配合身体和头部的假动作。

(4)变速运球突破。在侧身掩护运球的同时,利用运球速度的变化,达到摆脱位于自己侧面的对手的目的。采用此方法过人时应注意以下三点:

第一,要用远离对手的脚控制球,并做侧身掩护动作;

第二,运球速度的变化要突然、隐蔽;

第三,能随时控制住运球的速度。

(5)穿裆球突破。运球时如果对手从正面阻截、距离较近而又企图伸

腿抢球时,可突然推球使其从防守者胯下穿过,并快速起动从防守者一侧越过,从而突破对手。采用此方法过人时应注意以下三点:

第一,运球接近对手时稍微侧身;

第二,运球时重心不要太低,速度要稍慢些;

第三,随时注意对手的站立姿势及重心移动,一旦发现其两脚开立较大,重心又落于两脚之间时,立即推球穿裆,快速起动越过。

(6)人球分过突破。人球分过突破是指运球者和球分别从防守者的两侧越过的一种方法,多是在攻方队员处于活动中,而防守队员尚未取得正确防守位置时运用。采用此方法过人时应注意以下三点:

第一,运球的路线要稍偏于对手的一侧;

第二,要在对手即将取得正确防守位置之前进行突破;

第三,推出的球最好成弧线运行绕过对手,在推球的同时突然加速,从对手的另一侧越过得球。

(四)基本截断球技术训练指导

1.基本抢截球技术训练

(1)两人一球,做拼抢球的模仿练习,一人做脚内侧运球,另一人做正面跨步抢球。

(2)两人一球,相对站立,相距3~4米,将球放在中间,听到哨音后,两人立即上前进行正面跨步抢球。

(3)两人一球,相对站立,相距6~8米,甲向前运球,乙上前做跨步抢球。甲先慢速运球,待乙掌握抢球动作后再积极运球过人。

(4)两人一球,相对站立,相距5米,将球放在甲脚前,乙上步做正面脚内侧堵抢训练。在乙触球瞬间甲也用脚内侧触球,乙体会上步动作及触球部位。

(5)两人一球,相对站立,甲运球跑向乙(慢速),乙选择好时机实施正面脚内侧堵抢技术。

(6)甲向前运球,当甲、乙两人同时触球时,乙立即提拉球,将球拉过甲的脚面并控制住球。经过一段时间的训练后,可在触球瞬间两人同时提拉,体会掌握提拉的时机。

2. 侧面和侧后抢截球训练

(1)慢走冲撞：两人一组，一人正常走动配合另一人体会合理冲撞的正确动作和时机。返回时，交换角色进行练习。

(2)慢跑冲撞：两人一组，同方向慢跑，跑进过程中两人做适当的合理冲撞，体会冲撞的时机、冲撞的部位、冲撞的用力情况等。

(3)原地铲球训练：将球放在前面某一位置，练习者选择适当位置站立，原地蹬出做铲球动作训练。

(4)自抛自铲球训练：在熟练掌握铲球动作的基础上，可将球沿地面缓慢抛出，自己追球将球铲掉，以体会如何对滚动的球实施铲球动作。熟练掌握铲球动作后，可以进行铲控、铲传的训练。

(5)侧后追赶铲球训练：一人直线运球前进，另一人由后赶至成与其并肩时伺机实施合理冲撞并控制球。训练过程中要求运球的学生要积极与抢球的学生配合，使抢球者能在对手运球过程中体会如何实施铲球动作，让抢球者得到训练。速度可以由慢速到中速循序进行。

(6)争抢球训练：在两队员前5米处放一球，听哨音后两人同时向球跑去。要求两人同时跑动，选择适当的位置和时机合理冲撞将球控制。训练熟悉后，可将静止球变为活动球，即老师持球站立，两队员站立在其两侧，当球沿地面抛出后，两队员同时起动追赶球，利用合理冲撞将球控制住。训练过程中，让练习者在追抢过程中自由选择抢截球的方法。

(7)一对一抢球训练：将所有学生分成两组，每组两人，分别站在老师两侧。当老师将球踢出时，学生迅速启动，运用合理冲撞的技术将球抢下。胜者得1分，先得10分者胜。

(8)综合训练：结合传球或射门进行抢截球技术训练。根据训练任务，对攻守双方分别提出不同的训练要求。

(五)头顶球技术训练指导

1. 个人头顶球训练

(1)自己双手持球，将球举在头前，用前额正面或侧面去触击球，体会顶球部位，培养顶球过程中注视来球的习惯。

(2)利用吊球进行训练，改变吊球架上足球的高度进行各种顶球训练。

(3)利用足球墙进行训练,自抛球由墙弹回时,进行各种顶球训练。这样就更进一步接近场上的实际情况,也能提高自己对来球的判断能力。

2. 两人头顶球训练

(1)两人一球,面对面间隔10米左右站立,一人抛球,一人原地跳起进行头顶球训练。

(2)两人一球,面对面相距20米左右站立,甲向乙传头顶球,乙顶回给甲。数次后轮换传、顶球。

(3)顶球射门训练:两人一组,一人抛球一人顶球,顶球队员站在罚球弧附近,抛球队员站在球门内或球门侧面将球抛至罚球点附近,顶球队员跑上顶球射门。

(4)鱼跃头顶球训练(在海绵垫上或沙坑里训练):两人一组,一人抛球,另一人在海绵垫上或沙坑里进行鱼跃头顶球训练。先进行鱼跃落地动作训练,熟练掌握落地动作后,再进行鱼跃头顶球训练。

3. 多人头顶球训练

(1)争顶球训练:三人一组,一人传球,其他两人与传球人相距大于20米。传球队员传出高球,两人争顶(一人防守,一人进攻)。可将训练移至门前,一人在侧面传高球(或踢角球),其他两人在罚球点附近,其中一人向外顶球,另一人向球门里顶球。三人轮换进行训练。

(2)变向顶球训练:甲抛球给乙,乙转体顶向丙的胸前,丙接球后再抛给乙,乙将球顶向甲的两脚之间。三人轮换进行训练。

(六)守门员技术训练指导

1. 接球训练

(1)在海绵垫上、沙坑里或草地上练习扑接同伴的手抛球。

(2)接自己对墙掷或踢出的反弹球。

(3)守门员从蹲伏于地的队员身上跃过接踢来的球。

(4)守门员面对距离2～3米的墙站立,抛球者站在守门员身后对墙抛球,守门员接反弹回来的球。可根据守门员的训练水平,调整站位距离,抛各种不同方向的球,抛球的力量逐渐加大、速度逐渐加快。

(5)原地接队友从左、右、前、后方向踢来的球。

(6)移动中接队友踢来的各种不同方向的球。如原地接地滚球、移动中接地滚球、移动中接中空球、移动中接高空球等。

(7)守门员接由10米外踢来的各种地滚球、平控球和高球。训练时可将踢球者增加至2～4人,从多方向踢出多种性质的球,提高守门员在快速移动中接球的能力。

(8)在活动球门前、后侧各设一名守门员,分别接各种来球。守门员每接一次球后,立即互换位置,及时调整身体重心和位置接同伴的来球。

2.托球和拳击球训练

(1)原地进行拳击球和托球练习。

(2)助跑起跳,进行单、双拳击吊球练习。

(3)队友抛或踢高球,守门员起跳进行拳击球、托球练习。

(4)掷界外球时,守门员在人丛中练习拳击球或托球。

(5)踢角球、任意球时,守门员在人丛中练习拳击球或托球。

(6)队员运球直逼守门员,守门员选择最佳时机起跳拳击球、托球。

(7)数名队员相向交叉运球,在5米外先后射门,守门员快速、连续练习托球。

3.扑球训练

(1)训练扑点球。

(2)双手举球跪在地上,然后腿、上体、手臂依次倒地,做扑地滚球的模仿练习。

(3)两脚屈膝左右开立,上体稍前倾,双手举球倒地,做扑地滚球的模仿练习。

(4)准备姿势站立,扑侧面踢来的地滚球。踢球的力度由小到大,球的速度由慢到快。

第三节 高校足球运动战术教学基本理论

一、高校足球战术教学的重要意义

足球战术教学在高校足球教育中占据着至关重要的地位。从培养学生综合素质角度来看,足球战术教学能够有效提升学生的团队协作能力。在足球比赛中,每个球员都有其特定的位置和任务,他们需要相互配合,通过传球、跑位等战术行动来创造得分机会。这种团队协作不仅是在球场上的简单配合,更需要学生在训练和比赛过程中理解队友的特点和习惯,学会相互信任。

同时,足球战术教学有助于培养学生的战术意识。战术意识是学生在足球比赛中对场上形势的快速判断和决策能力。通过战术教学,学生可以学习到不同情况下应采取的最佳行动。比如在防守时,面对对方的快速反击,学生需要迅速判断是采取区域防守还是人盯人防守,是上前逼抢还是收缩防线。这种战术意识的培养不仅对足球比赛有重要意义,也能在一定程度上提高学生在其他复杂情境下的分析和解决问题的能力。

此外,高校足球战术教学对提升学生对于足球运动的理解和热爱也有着积极作用。当学生掌握了更多的战术知识后,他们会更加深入地理解足球比赛的魅力所在。他们能够欣赏高水平足球比赛中精妙的战术配合,而不仅仅是关注进球的精彩瞬间。这种深入的理解会激发学生参与足球运动的热情,使他们更积极地投入足球训练和比赛中。

二、高校足球战术教学的基本原则

(一)系统性原则

足球战术是一个庞大而复杂的体系,从进攻到防守,从整体到局部,从战术阵型到个人跑位,都需要系统地进行教学。在教学过程中,要按照由浅入深、由易到难的顺序安排教学内容。例如在进攻战术教学中,可以先从简单的二过一配合开始,让学生理解通过局部配合突破防线的基本原理。然后逐渐引入更复杂的进攻战术,如边中结合、三角进攻等。对于防守战术,可先从个人防守位置和职责讲起,再过渡到区域防守和整体防守体系。同时,要将战术教学与技术教学相结合,只有技术和战术相互促进,才能实现足球水平的全面提升。

(二)针对性原则

不同水平的学生群体需要有针对性的战术教学。对于初学者,应侧重于基础战术的教学,如基本的传球配合、防守站位等,帮助他们建立起足球战术的初步概念。而对于有一定足球基础的学生,则可以根据他们的特点和球队的实际情况,开展更具针对性的战术训练。例如:如果球队中有速度快的前锋,可设计以其速度为突破点的进攻战术;如果后卫防守能力强,可强化防守反击战术。此外,还要考虑到比赛对手的情况,在赛前有针对性地进行战术调整,如针对对手的进攻,核心球员进行重点防守布置,或者针对对手的防守特点制定相应的进攻策略。

(三)趣味性原则

为了提高学生对足球战术教学的积极性,趣味性原则必不可少。教师可以通过游戏化的教学方式来增加战术教学的趣味性。比如设计一些战术模拟游戏,将学生分成小组,在规定的区域内进行小规模比赛,每个小组需要在比赛中完成特定的战术任务,完成任务的小组可以获得奖励。这种游戏化的教学方式能够让学生在轻松愉快的氛围中学习和实践足球战术,提高他们的参与度。

三、高校足球战术教学的内容

(一)进攻战术教学

1. 个人进攻战术

个人进攻战术是足球进攻的基础,包括摆脱、跑位、射门等环节。在摆脱教学中,要让学生掌握如何利用假动作、变速和变向等技巧摆脱对方防守球员。例如教学生运用简单的踩单车、牛尾巴等过人动作,同时要强调动作的时机和合理性。跑位教学则要让学生理解如何通过积极的跑动为自己和队友创造空间,包括斜向跑位、反向跑位等。在射门教学方面,要注重不同位置、不同情况下的射门技巧,如禁区内的抢点射门、禁区外的远射、小角度射门等,同时要培养学生在门前冷静的心态和果断决策的能力。

2. 局部进攻战术

局部进攻战术主要涉及两人或三人之间的配合。其中,二过一是最基本也是最常用的局部进攻战术。教学中要让学生明白传球和跑位的时机,传球要准确、及时,跑位要快速、灵活。例如在墙式二过一教学中,传球球员要将球传到接球球员的身前合适位置,接球球员要迅速用脚内侧将球回敲给传球球员,传球球员则要在第一时间加速向前突破。此外,还有交叉换位、传切配合等局部进攻战术,通过这些战术的教学,可以提高学生在局部区域创造进攻机会的能力。

3. 整体进攻战术

整体进攻战术包括战术阵型、进攻方向和进攻节奏等方面。常见的战术阵型有 4—4—2、4—3—3、3—5—2 等,教师要向学生讲解不同阵型的特点和优缺点。在进攻方向上,要引导学生根据场上形势灵活选择从边路进攻还是从中路进攻,或者边中结合。边路进攻可以利用球场的宽度拉开对方防线,通过边锋的突破和传中为中路球员创造射门机会;中路进攻则更具直接性,但需要面对对方防守的核心区域。进攻节奏的把握也至关重要,要让学生学会在快节奏的反击和慢节奏的阵地进攻之间灵活转换,根据对手的防守状态适时调整进攻速度。

(二)防守战术教学

1. 个人防守战术

个人防守战术要求学生掌握正确的防守姿势、防守选位和防守动作。

防守姿势要保持身体重心较低,双脚前后站立,便于快速移动和转身。防守选位要根据球的位置和对手的行动来确定,始终保持在对手与球门之间的有利位置,同时要注意保持适当的防守距离,既能及时干扰对手接球,又能防止对手突破。防守动作包括断球、抢球和封堵等,要教导学生在防守时合理运用身体对抗,但要注意避免犯规。例如:在断球时要准确判断传球路线,快速伸脚将球截断;在抢球时要选择合适的时机,利用身体优势和合理的动作将球夺回。

2. 局部防守战术

局部防守战术主要有补位和围抢。补位是在队友防守出现漏洞时,临近球员及时弥补空缺的防守行动。在教学中,要培养学生的补位意识,让他们明白团队防守的重要性。例如当边后卫助攻上前,同侧的中后卫要及时补防边后卫留下的空当。围抢则是在局部区域内多名防守球员对有球的进攻球员进行包夹,迫使对方失误。围抢需要球员之间的默契配合,要选择合适的时机和地点进行,避免因过度围抢而导致身后出现大片空当。

3. 整体防守战术

整体防守战术包括区域防守、人盯人防守和混合防守等。区域防守是将球场划分为若干区域,每个防守球员负责自己区域内的防守任务,这种防守方式有利于保持防守的整体性,但对防守球员之间的协防要求较高。人盯人防守则是每个防守球员负责盯住一名进攻球员,这种防守方式可以对进攻球员进行有效的限制,但容易出现防守球员被对手摆脱后身后空当暴露的问题。混合防守是将区域防守和人盯人防守相结合,根据场上形势灵活运用,是一种较为灵活的整体防守战术。在教学中,要让学生理解不同整体防守战术的特点,并根据球队的实际情况进行选择和运用。

四、高校足球战术教学的方法

(一)讲解示范法

讲解示范是足球战术教学中最基本的方法。教师要通过简洁明了的语言向学生讲解战术的名称、目的、要求和动作要领等。例如在讲解三角进攻战术时,要向学生说明三角进攻是通过三名球员在局部区域内形成三角形站位,通过传球和跑位来突破防线。同时,教师要进行准确的示范,让学生直观地看到战术的实际操作过程。示范可以是完整示范,展示整个战术的流程,也可以是分解示范,将战术中的关键动作和环节单独进行演示,以便学生更好地理解和掌握。在示范过程中,教师可以选择不同的角度和速度进行示范,让学生从各个方面观察战术的细节。

(二)练习法

练习是学生掌握足球战术的关键环节。可以采用多种练习形式,如个人练习、分组练习和整体练习等。个人练习主要针对一些个人进攻或防守战术,如个人摆脱和防守选位练习。学生可以在规定的区域内,通过设置障碍物等方式模拟比赛场景,进行反复练习。分组练习则侧重于局部战术的练习,如将学生分成两人一组进行二过一配合练习,或者分成三人一组进行三角进攻或防守练习。通过分组练习,学生可以在与队友的配合中不断提高战术运用能力。整体练习是将球队作为一个整体进行战术演练,模拟比赛中的进攻和防守情况。例如在整体进攻战术练习中,球队按照既定的战术阵型进行全场进攻演练,通过多次练习,让学生熟悉整个战术体系的运作过程。

(三)比赛法

比赛是检验和提高学生足球战术水平的有效方法。通过组织校内足球比赛、班级足球联赛等形式,让学生在实际比赛中运用所学的战术。在比赛过程中,学生可以更好地理解战术在不同情况下的应用,同时也能培养他们的应变能力和战术意识。教师可以比赛后对学生的战术表现进行分析和总结,指出存在的问题和改进的方向。此外,还可以组织一些针对性的比赛,如专门针对某种战术的练习赛,例如在练习防守反击战术时,安排一场比赛,要求球队在防守成功后必须迅速发动反击,通过这种方式强化学生对特定战术的掌握。

五、高校足球战术教学中多媒体技术的应用

随着信息技术的发展,多媒体技术在高校足球战术教学中发挥着越来越重要的作用。多媒体教学可以通过视频、动画等形式向学生展示足球战术的实际运用情况。例如教师可以收集一些高水平足球比赛中的精彩战术配合视频,在课堂上播放给学生观看,并进行详细的分析讲解。通过观看这些视频,学生可以更直观地感受到足球战术在实际比赛中的魅力和效果。同时,利用动画制作软件可以制作一些足球战术动画,将复杂的战术动作和配合以动态的形式呈现出来,便于学生理解。

此外,多媒体技术还可以用于战术分析和模拟。利用专业的足球战术分析软件,教师可以对球队的比赛录像进行分析,指出球队在战术执行过程中存在的问题,如进攻时的传球失误率、防守时的失位情况等。同时,还可以利用模拟软件模拟不同战术在特定场景下的效果,让学生在虚拟环境中体验不同战术的应用,提高他们对战术的理解和运用能力。

六、高校足球战术教学对教师的要求

(一)专业知识与技能

高校足球战术教师需要具备扎实的足球专业知识,包括足球战术理论、足球规则、足球历史等方面。只有对足球有深入的了解,才能准确向学生传授战术知识。同时,教师要具备较高的足球技能水平,能够进行准确的示范。例如在讲解一些高难度的过人技巧或防守动作时,教师要能够亲自示范,让学生看到正确的动作形态和发力方式。此外,教师还需要不断学习和更新自己的知识与技能,关注足球领域的最新发展动态,如新型战术的出现、足球规则的修改等,以便更好地开展教学工作。

(二)教学能力

教师的教学能力对于足球战术教学的效果至关重要。首先,教师要具备良好的教学设计能力,能够根据教学目标、学生特点和教学条件等因素,合理安排教学内容和教学方法。例如在设计进攻战术教学时,要考虑

到学生的技术水平和接受能力,将复杂的战术分解成易于理解和掌握的步骤。其次,教师要具备良好的课堂组织管理能力,足球战术教学通常在室外进行,容易受到外界环境的影响,教师要能够有效地组织学生进行训练和比赛,确保教学活动的顺利开展。此外,教师还要具备良好的沟通能力,能够与学生进行有效的交流,了解他们在学习过程中的困难和问题,并及时给予指导和帮助。

(三)创新能力

为了提高足球战术教学的质量,教师需要具备创新能力。在教学内容方面,可以引入一些新颖的战术理念和方法,并结合高校学生的实际情况进行适当的调整和改进。在教学方法上,要不断探索新的教学模式,如将虚拟现实技术引入足球战术教学,让学生在虚拟环境中体验和学习足球战术。同时,教师还可以鼓励学生创新,在战术训练和比赛中尝试新的战术配合,培养学生的创新思维和实践能力。

七、高校足球战术教学的评价

(一)评价的内容

高校足球战术教学评价应包括对学生战术知识掌握情况、战术技能运用水平和战术意识发展程度的评价。在战术知识方面,要考查学生对各种足球战术的名称、原理、特点等知识的理解程度,可以通过理论考试、课堂提问等方式进行。对于战术技能运用水平,要观察学生在训练和比赛中实际运用战术的能力,如传球的准确性、跑位的合理性、防守动作的规范性等,可以通过训练表现评估、比赛录像分析等方式进行评价。战术意识的评价则主要关注学生在比赛中对场上形势的判断和决策能力,如是否能根据对方的防守情况及时调整进攻战术,是否能在防守时做出正确的补位和协防选择等,可以通过比赛中的行为观察和分析来评价。

(二)评价的方法

评价方法应多样化,包括教师评价、学生自评和学生互评等。教师评价是最主要的评价方式,教师要根据自己的观察和分析,对学生的战术学习情况进行全面评价。同时,要引导学生进行自评和互评。学生自评能够对自己的学习过程和结果有更清晰的认识,发现自己的优点和不足。例如学生可以在每次训练或比赛后,对自己在战术运用方面的表现进行总结和反思。学生互评则可以促进学生之间的相互学习和交流,培养他们的团队合作精神。例如在小组练习后,小组成员可以相互评价彼此在战术配合中的表现,提出改进建议。

通过科学合理的评价,可以及时了解学生的学习情况,发现教学中存在的问题,为教学调整和改进提供依据,从而不断提高高校足球战术教学的质量,培养出更多具有较高足球战术素养的学生。

第四节 高校足球运动战术教学实践

一、进攻战术训练

(一)个人进攻战术训练

练习一:移动接球。接应队员避开障碍物旗杆,利用两边空当接同伴的传球。接球后再传回同伴,再向另一边移动接球,以此重复练习。可定时交换练习。

练习二:在40米×40米的方形场内,同时进行多人、多球的传球与接应练习。重点是选择传球目标,观察、呼应与跑动接应。随着练习的熟练,可以增加练习用球的数量和限制触球次数。

练习三:一抢二练习。在长25米、宽15米的场地内进行一人抢球、二人传控球的练习,控球一方的无球队员要积极选位接应。防守者抢到球即成为控球一方,由失误的队员担任防守者。可计时交换位置重复进行练习。

练习四:交叉换位。将人员分成两组,在前场进行交叉换位跑动,队员A与队员B交叉换位后接队员C的传球,再进行配合射门。

练习五:第二空当跑位。接应者队员A快速跑向由同伴队员B拉出的第二空当,接队员C的传球射门。

(二)局部进攻战术训练

练习一:踢墙式二过一练习。

练习二:各种二对一射门练习。

练习三:连续斜传直插二过一练习。

练习四:在罚球区前10米×10米的范围内进行二过一配合射门练习。

练习五:在10米×20米的场地上设两个球门进行二对二对抗练习,须有一人为守门员,在规定时间里轮流展开攻守。

练习六:各种无固定配合的踢墙式二过一练习。

练习七:回拉接应反向切入射门练习。

练习八:间接二过一射门练习。

练习九:半场中路进行三对二射门练习,规定最多三次传球之后必须射门。

二、防守战术训练指导

(一)个人防守战术训练

练习一:结合位置的诱导性有球练习。在半场内,全队按照比赛阵型分别站在各自的位置,一人多方向控带球,各位置随球方向的变化进行选位练习。

练习二:诱导性有球练习。进攻队员在离球门16~20米的距离内做横向带球,防守队员进行练习选位。

练习三:一对一盯人练习。在半场内,两人一组,进攻队员向球门做变向与变速带球,防守队员进行盯人练习。

练习四:无球结合球门的练习。两人一组,面对面站立,相距2米左右,一攻一守,进攻队员做摆脱跑动练习,防守队员进行选位盯人练习。

(二)局部防守战术训练

二对三攻守练习,在10米×20米的场地上进行,当进攻者突破一名防守者时,在临近的两名防守者之间进行补位练习。

三、定位球战术训练指导

利用比赛开始或"死球"后重新开始比赛的机会所组织的攻守战术,称为定位球战术。

(一)基础战术

个人战术和二、三人的协同配合即为基础战术。二过一配合的要求如下:

(1)踢墙式二过一要求:传地滚球、不能停球、连续传球。

(2)斜传直插二过一要求:注意传球的力度和方向、插上要积极主动。

(3)直传斜插二过一要求:跑动插上要积极、力度适中。

(4)交叉掩护二过一要求:远离防守者的脚运球、挡住两名防守者,用踩和轻拨的动作传球,随后继续跑动。

(5)回传反切二过一要求:回传后转身要迅速,快速插到防守者身后。注意传球的方向和力度,注意纵深距离。

(二)练习方法

练习一:两人练习。一人传高球给同伴进行头顶蹭传,做到正确且熟练。

练习二:定位多球射门。在罚球区附近的各个罚球点上,主罚队员进行多球射门练习,以提高直接射门的准确性。

练习三:角球直接传中。主罚队员进行多球传中练习,要求有准确的罚球落点("近端""中间""远端"),并对出球的弧线、速度提出不同的要求。

练习四:罚球弧附近的任意球防守练习。在无对手的情况下,进行防守布局,对由 9 名进攻队员的各种选位进行防守。在教师指导并调整防守的情况下,进行规定数量或时间的实战对抗练习。

练习五:弧线球射门。在离罚球点 9 至 15 米处设立障碍物或"人墙",主罚队员踢弧线球绕过障碍或突破"人墙"射门。

练习六:角球防守战术练习。在无攻方队员的情况下,防守队员在明确任务后练习防守站位,安排 9 名进攻队员自由选位,两名防守队员进行实战对抗练习。

四、守门员战术训练指导

(一)守门员战术训练中的注意事项

第一,结合实战需求,设计训练手段,应尽可能模拟比赛中出现的各种情景。

第二,除要求守门员认真完成各项练习外,更要注重守门员战术意识的培养。

第三,比赛中守门员肩负组织防守和发动进攻的责任,所以平时训练除了单独训练外,还应与全队共同训练。

第四,足球比赛中,球门前的争夺极其激烈,又无固定的模式可循,所以教练员应在训练中重视培养守门员的独立性和创造性。

(二)游动射门

1. 方法

5至6名队员在球门区以外的罚球区内自由带球,教练员发出信号后,队员按照事先规定好的顺序立即射门,守门员进行扑接球。

2. 要求

(1)守门员的注意力要高度集中,发现射门队员准备射门时,要迅速移动以选择最佳位置,尽全力守住球门。

(2)射门队员要在快速运动中尽快射门,要能根据不同的射门区域、距离以及其他带球队员的干扰程度,选择最佳的射门方式。

3. 提示

(1)全队可分若干组进行竞赛。

(2)规定发出信号5秒钟内完成射门。

(3)进攻队员处于罚球区外,按照老师规定的传球次数配合射门。

(三)对抗中接各种传中球

1. 方法

教练员从罚球区外的各个方向传不同性质的传中球,守门员努力控制球门区及其附近区域的空间范围。

2.要求

守门员要判断球的飞行轨迹和落点,及时移动并选择最佳位置以控制空间。

3.提示

可增加传球密度和攻防人数,提升守门员控制空间的能力。

(四)五对五比赛

1.方法

在60米×40米的场地中进行五对五比赛。

2.要求

守门员依据攻守情况,占据有利位置,控制球门附近的空间,组织并指挥防守。一旦接球后,立即组织和发动进攻。

第三章　高校足球教学实践发展研究

第一节　高校足球教学发展现状

足球、排球、篮球并称为"三大球",是高校中最常见的运动项目。据调查,高校学生对这三大球类的喜爱程度比其他球类要高,特别是足球运动,由于它的娱乐性强,适合常年开展。但是,目前我国高校足球教学现状仍存在不少问题,主要表现在以下三个方面。

一、足球教学目标存在偏差

(一)教学目标不够明确

通常情况下,国家对学校体育教学目标的制定有相应规定。但是目前我国很多高校在制定本校体育教学目标时与国家制定的教学目标不符。高校足球教学中教学目标不明确,一方面,高校足球教学目标缺乏文字说明,导致师生双方难以形成有效的沟通和交流;另一方面,高校足球教学目标缺乏指标性描述,没有明确指出教师在教学过程中应采取怎样的判断标准去判断教学任务是否完成,使得高校足球教学目标失去对教学进程的指导作用。

(二)教学目标系统性的欠缺

目前,高校足球教学作为高校公共体育课教学而存在,因此,高校足球教学的教学目标应与高校公共体育课的教学目标一致,在高校体育教学指导思想下统一组织。

我国高校足球教学目标的制定较为单一,不能充分涵盖足球教学应涉及的运动医学、运动心理学等领域,只是单纯地与足球理论和足球技能相结合进行教学。另外,虽然高校将足球教学划分为知识传授、技能传授、思想品质教育三个方面,但是这三方面之间缺乏一定的联系。

(三)忽视终身教育理念

当前,我国以体育教学现状为依据,提出了"全面发展学生素质,促进学生健康成长,培养终身教育"的教学目标要求。新标准下,体育教学目标要求高校足球教学将国家意志、教学理念等与具体教学实际相结合,突出足球专项特点,选择适合学生全面发展的教学目标。现阶段,我国高校足球教学普遍重视理论基础教学和技战术教学,而在引导学生将足球运动的学习转化为终身体育锻炼习惯的教育方面重视不足。有的学校为提高知名度,非常重视竞技体育,却不够重视甚至忽略学生身心健康的发展。因此,应贯彻和落实高校足球体育终身教育。

二、足球教学内容不够合理

(一)教学内容缺乏趣味性

教学内容的趣味性是影响教学效果的重要因素。然而,目前我国高校足球教学内容的专业性较强,竞技性突出,健身性和娱乐性不足。教师对足球的教学主要集中在足球的技战术方面,很少涉及足球运动游戏、足球运动的竞赛组织等内容。

(二)教学内容与教学组织不配套

足球的技术教学与训练是高校足球教学内容的主要组成部分。在高校足球教学中,足球教学课时安排较少,通常一周只有一次教学课,而足球训练课时安排较多,大学生甚至可以每天进行足球训练。由此可见,将为满足专业足球运动员训练需要而产生的各种足球技战术放在高校足球课堂教学中去实施,显然是不合适的。

(三)教学内容与教学对象不相符

在高校足球教学实践中,足球教学的对象大部分是非体育专业的大学生。而对于大部分非体育专业的大学生来说,由于足球运动本身在技战术上较为复杂,再加上他们在身心方面都没有做好充分准备,所以他们在短时间内无法适应足球教学内容的进程和要求,体育教师只能将传统的教学内容拿来直接用于教学实践,这不利于大学生学习和掌握足球技术。

三、足球教学方法老套,新方法新手段应用存在困难

（一）教学方法较为单一

教学方法单一主要表现在两个方面：一方面,作为足球教学的主体,大学生本身具有较高的文化素质、较强的独立意识和鲜明的个性特点,他们属于特殊社会群体,对足球教学有着较为明确的需求。然而,在实际的高校足球教学过程中,教师往往只是一味地讲解理论,却不重视分析、对比、纠错和程序教学,从而使得大学生对足球教学的实践性需求无法得到满足；另一方面,作为生理、心理发展成熟的社会个体,受各方面因素影响,大学生在身体素质、运动能力、理解力、接受能力、智力水平、成长背景、教育经历等方面都有一定差异,这就导致他们对高校足球教学的学习需求各不相同。但是,在实际的高校足球教学过程中,教师所选择的教学方法以偏概全,是针对整个班级或年级的学生,并没有充分贯彻区别对待的教学原则,未照顾到学生之间的个体差异,进而导致学生之间的差异越来越大。

（二）教学方法落后

目前,我国高校足球教学的现状之一是体育教师的教学方法落后且缺乏创新,这一现状导致我国高校足球教学存在许多问题,如课堂气氛不活跃、学生学习兴趣不浓、教师的教学热情不高等。

当前我国高校足球教学中,教师仍然以传统的教学方法施教,忽视了学生是学习的主体这一重要教学特点,进行填鸭式教学,缺乏创新动力。除此之外,我国现行的教学监督与管理机制限制了教师教学创新的动力,使得高校足球教学方法的改进与创新受到一定制约。此外,教师对学生

的主体需求不够重视,在教学过程中无法做到因材施教。以上这些最终导致教师所采用的传统教学方法与现代高校足球选修课的发展要求越来越不适应。

(三)忽视育人功能

要想让大学生喜欢足球、热爱足球,就必须使他们领略到足球运动带来的积极作用和独特魅力,而要想让大学生全身心地投入足球学习中,就必须充分发挥足球运动的育人功能,使学生能够在足球教学中学到有价值的知识和精神。

高校足球教学方法的选择和运用受到主客观条件的限制,它与教学目标、教材内容等紧密联系。只有它们之间存在的各种问题妥善解决,教学方法才能发挥功能和效用,足球教学才能取得理想效果。足球教学方法存在的问题具体体现在两方面。一方面,当前高校普遍对体育教学不够重视,体育教师为完成教学任务,在选择教学方法时,往往遵循利于教学组织、利于发挥自身优势、利于教学管理部门检查等原则,而很少考虑所选择的教学方法是否受学生欢迎、是否有利于调动学生学习的积极性和主动性、是否有利于学生的全面长久发展等。实际上,教师所忽视的这些标准和原则才应是选择教学方法的主要标准。另一方面,高校足球教学评价、考核方式落后,未能准确反映教师在教学过程中的效度,而且体育教师在发挥足球教学的育人作用方面,理论指导不充分,缺乏积极有效的指导作用。

第二节 高校足球教学的发展趋势

现阶段,足球教学已不再是单纯的技术教学,而是立体化教学。这就要求教学必须从注重掌握技术、技能向注重培养学生体育意识、兴趣和个性的方向转变,由单纯强调技评和成绩向强调学生学习过程转变,同时要注意在学习过程中激发学生的学习动机,启发学生的思维,使学生主动探究问题、自主活动。此外,教师的角色也需要重新定位,应由原来的传授者转变为学生学习的指导者、合作者,由封闭的教学组织形式向开放的教学组织形式转变。具体来说,足球教学的发展趋势主要表现在六个方面。

一、教学理论与方法不断完善

足球在我国发展的历史悠久。经过多年的足球教学实践,我国在足球教学方面积累了丰富经验。一些学者对足球教学的理论研究也取得了一定成果,这在一定程度上丰富和完善了我国足球教学理论。这就要求我们在足球教学中,不断引进国外先进教育思想、理论与方法,并通过教学实验考察其有效性,再对其加以改造,使之成为适合我国国情和足球专项教学特点的新型教学模式,形成新的教学思想方法体系。

二、教学内容的选编更加合理

随着对足球教学认识在不断加深,高校对足球教学内容的选编更加合理,这也是我国高校足球教学的一个发展趋势。当今世界对人才的要求是全面的,足球教学也要适应这种要求。为进一步培养学生的全面素质,高校足球教学中不仅安排足球技术教学,还更加重视学生对足球理论知识的掌握,包括足球运动的基本历史知识、足球运动的基本保健知识、足球运动道德和礼仪知识等。这有利于学生掌握足球运动技能,丰富理论知识,促进学生德智体美劳全面发展。由于在教学过程中更加重视学生的地位,教师在内容选编方面将更多地考虑学生的需求,积极引入一些新的教学内容,丰富高校足球教学,以满足学生的需求。这些都体现出足球教学内容的选编越发合理。

三、课程目标的制定更加科学

现阶段,我国高校体育教学的总体指导思想为"健康第一""以人为本""终身体育"。在这些思想的指导下,我国足球教学目标的制定将更加科学。在我国足球教学中,无论是教学内容的安排,还是教学方法的选择,都从实际出发,以学生需求为标准,目的是让学生掌握锻炼身体的方法,并能在以后的生活中保持运动习惯。这都体现了我国课程目标制定的科学性。

四、重视教学中学生的参与

高校足球的教学目的是向学生传授足球知识和技能。学生是教学的主体,没有学生,教学也就不复存在。以人为本是我国足球教学的重要理念,所以在足球教学中要注重学生的参与,以学生自身的需要为依据。在教学过程中,注重教师和学生之间的交流;课后,要注重对学生课余训练的指导。

五、考核标准的确定更加合理

在高校足球教学中,考核是检测学生学习效果的重要手段,能够判断教学目标的实现程度。考核标准的确定更加合理是我国足球教学的发展趋势之一。

长期以来,我们采用的考核方式是对学生足球技术运用情况进行评分,将此评分作为对学生的整体评价。随着教学改革的进行,足球教学的评价趋向于对学生学习过程的评价,包括学生出勤等情况,以及各种主观和客观评价。这种评价能够真实反映学生的运动和学习情况,也可以使学生不为考核过关,而是为兴趣和健康进行训练学习。

六、教学组织形式的科学性不断加强

我国足球教学组织形式的科学性不断增强,这也是我国高校足球教学的重要发展趋势之一。在高校足球教学中存在多种教学组织形式,对其进行分析可知,我国足球教学组织形式的科学性在不断增强。我国足球教学主要采用分班教学和分组教学。在传统的教学组织形式中,教师无法全面兼顾学生,这不仅会影响教学效果,还可能导致伤害事故的发生。而在新的教学组织形式中,教师对所教学生的数量进行了控制,这有利于教学的顺利进行、师生之间良好的互动以及教学目的的顺利实现。

分组教学是根据学生的具体情况进行分组,可以按照学生运动的实际能力水平分组,也可以按照性别分组。对学生进行分组教学,能使足球教学更具有针对性,做到因材施教。学生在各自小组内部相互配合,有利于培养学生团队意识。在分组教学中,学生之间的交流得以加强,教师教学也更加便利,这有利于塑造良好的学习氛围,使教学成果最大化。因此,实施分班、分组教学是我国高校足球教学组织形式完善的重要表现。

第三节 高校足球教学实践改革对策

新形势下改进高校足球教学的策略研究应从改进和完善教学模式、不断更新教学理念、增强学生的心理健康理念、加强教学管理理念、注重学生个性发展、不断激发学生兴趣等多方面进行努力。

一、不断更新教学理念

针对当前高校足球的教学现状,对高校足球教学理念进行改革是必然的。这对科学指导学生进行足球课外活动、培养学生的体育精神等具有积极的促进作用。

从高校体育的整体教学过程来看,体育运动具有使人的身体和心理达到统一融合的积极作用。现阶段的高校体育教学对学生自身身体素质的培养和良好行为习惯的养成具有重要意义。因此,高校的足球课堂教学应以现阶段学生爱动、爱玩、喜欢新事物的成长特点为主要依据,与足球本身具有的健康功能及趣味性充分结合,对高校足球的教学模式不断进行改革创新,从而使足球的课堂教学内容变得充实、精彩、丰富,进而有效增强学生的学习兴趣,进一步激发学生的学习激情,最终让学生从足球学习和运动中体会到这一运动项目的独特价值和魅力。在未来的发展中,要适应社会发展的节奏和规律,就必须拥有强健的身体以及长期锻炼的习惯。因此,让学生树立牢固的体育运动健康观念是非常重要且必要的。

二、改进和完善教学模式

由于高校足球在内容设计上存在过于单一的问题,所以应对现阶段的教学模式进行改革。

当前,在高校体育教学素质教育制度的改革创新过程中,能够充分体现体育教学制度改革的关键环节是我国高校的足球教学课堂。近几年,我国高校足球教学在教学模式方面主要存在以下问题:部分高校未开设足球课程,而大部分高校虽开设了足球课程,但许久没有进行调整。虽然学生可以根据自身兴趣自主选择课程,然而,足球教学课程并没有以学生自身的心理素质和所处生活环境为主要依据来对教学手段进行适当调整,只是依照传统教学模式进行传统意义上的足球教学。这种缺乏创新意识和精神的教学状态致使高校足球教学制度的发展一直不尽如人意。

针对以上问题,不仅要进一步改进和完善原有的足球教学模式,还要重新设定足球的技术教学活动。以学生自身的实际情况为主要依据,进行有针对性的分组编班,可以采用小组教学方式,也可以以不同小组成员的实际情况为主要依据进行分类教学。除此之外,还可以以不同的教学形式为主要依据编制相应的教学内容和考核制度,从而让学生在愉快轻松的学习环境中积极投入足球运动中,使自身综合素质得到全面提升。

三、不断激发学生的学习兴趣

兴趣是最好的老师,因此在教学中,应当改变传统的授课方式,让学生被足球运动项目吸引,对足球学习产生兴趣,迫切渴望去学习。这就要求教师的教学手段要灵活多样,使学生觉得体育课不枯燥。另外,教师要在教学过程中注意语言的运用,对学生的进步给予表扬和鼓励,这能够增强学生的自信心,坚定学习的信念。切忌使用嘲讽、轻视的语言,以免挫伤学生的信心。

四、课堂教学要精讲多练,以练为主

精讲多练是以学生练习为主,充分发挥学生的主观能动作用,以达到掌握技术和技能的目的。精讲并非少讲,而是将重要内容和重要动作,以简明扼要的语言准确地向学生表达,使学生更好地理解动作要领。这样能够让学生建立相应的信息框架,提高学生独立思考和独立解决问题的能力。教师在教学过程中要善于总结和概括,将动作要领浓缩为易记的口诀。

五、增强学生的心理健康观念

通过口传身授的方式,不断更新和强化学生的心理健康观念。古往今来,心理健康是所有健康教学中最重要的部分之一。把心理因素加入健康教学中是高校足球教学内容不断丰富和创新的表现,这样对实现让学生自觉利用足球运动锻炼身体的目标、保证学生健康的心理状态以及良好的健康意识都具有积极的促进作用。

在高校足球教学过程中,足球运动所体现出的拼搏精神和竞争意识能够培养学生顽强勇敢、永不服输的意志,从而进一步增强学生的心理素质。另外,在高校足球教学过程中,学生通过参与足球运动,能够充分感受到畅快、自由、奔放的感觉,这对于释放学生日常学习生活中的压力、排解郁闷、放松精神等都具有非常重要的意义。因此,经过长时间对学生从容乐观、积极向上、永不言败的健康心理素质的培养,能够使学生未来的发展更加顺利。

六、加强教学管理理念

加强以学生为教学主体的教学管理理念,就是要合理安排高校足球的体育教学模式,并以学生自身的运动特点为主要依据展开分类教学。

在高校足球的课堂教学管理理念中,首先要进一步加深对以学生为教学主体这一教学思想的认识,以学生自身的学习特点为主要依据进行差异化教学。具体来说,主要表现在两个方面:一方面,对于具有较好运动素质的学生,为进一步加强其对足球操作技能的掌握和熟练运用,可适当为他们安排一些对抗激烈、竞争性强的足球赛事;另一方面,对于自身运动素质较弱或是刚开始学习的学生,不能采用与对待较好运动素质学生相同的方法,而应以教授、引导为主,从最基础的知识入手,安排一些趣味性足球运动,从而提高学生参与足球教学的兴趣。同时,还应在一定程度上降低教学难度,让学生在玩耍过程中掌握足球运动的知识和技巧。这样能够使学生逐渐从被动学习转变为主动学习,从而逐渐树立运动意识,提高参与体育运动的积极性和主动性。需要注意的是,以学生为主体的教学模式并不等同于迁就底子差且有惰性的学生,而是要真正做到以学生为教学主体,坚持"健康第一"的思想,积极引导学生通过足球运动养成良好的锻炼习惯,提升自身的健康素质水平。

七、注重学生的个性发展

在传统的高校足球教学模式中,往往存在一定误区,即只重视足球技术的教学与培养,而忽略学生自身个性的发展。因此,强化以学生为主体的教学观念,是足球教学改革的重点与关键。

根据当前高校足球教学的现状,以足球教学内容的特性为主要依据,采用引导式教学方法非常必要。通过循循善诱,对比和分析教学内容的重点与难点,找出与学生特点相适应的科学合理的教学模式,从而积极培养和提升学生在新教学环境中积极提问、思考、实践的能力,让他们对足球运动的原理有更加全面、深入的认识和理解,并在此基础上掌握一套适合自己的技术动作。除此之外,在高校足球教学过程中,积极渗透道德知识教学内容,引导学生尊重教师、队友和对手,以及建立和培养学生友爱互助、通情达理、认真负责等良好品格,也非常重要。因此,这就要求教师不仅要尽可能达到教学大纲的目标和要求,还要高度重视学生个性,以使学生的身心得到全面发展。

第四章　高校足球专项课创新研究

第一节　高校足球运动负荷控制

一、运动负荷控制的重要意义

在高校足球专项课中,运动负荷控制处于至关重要的地位。合理的运动负荷不仅关乎学生在课堂上的即时体验,更对其长期的身体素质发展和足球技能提升有着深远影响。对于学生自身而言,恰当的运动负荷能够避免过度疲劳和受伤,使他们在安全的范围内挖掘自身潜力,提高运动能力。从足球专项训练的角度来看,精确控制运动负荷有助于优化训练效果,确保学生在每一次训练中都能达到最佳的身体和心理状态,促进足球技能的快速掌握和稳定发挥。而且,良好的运动负荷控制还有助于培养学生的自律性和自我管理能力,让他们学会根据自身情况合理调整运动强度和时间。

二、影响足球运动负荷的因素分析

(一)学生个体差异

学生的身体素质、体能基础、年龄、性别等因素都对运动负荷有着显著影响。例如:身体素质较好、经常参加体育锻炼的学生可能能够承受更高强度的运动负荷;而身体素质较差或者运动经验不足的学生则需要从较低的运动负荷开始逐渐适应。年龄也是一个关键因素,年轻的学生可能恢复能力较强,但骨骼和肌肉的发育尚未完全成熟,需要在运动负荷控制上更加谨慎。性别差异同样不可忽视,一般来说,男性学生在力量和耐力方面可能具有一定优势,但女性学生在柔韧性和协调性上也有独特之处,在安排运动负荷时要充分考虑这些差异。

(二)足球训练内容与方法

不同的足球训练内容和方法对运动负荷的要求差异很大。例如高强度的对抗训练和比赛模拟训练往往会带来较大的运动负荷,因为其中涉及频繁的身体对抗、快速的奔跑和高强度的决策。而技术训练,如控球、传球练习,运动负荷可能相对较低。但如果将技术训练与高强度的间歇训练相结合,比如短时间内快速完成多次传球并迅速移动到下一个训练点,运动负荷就会显著增加。此外,训练方法中的练习时间、休息时间、练习密度等也直接影响运动负荷。较长时间的连续训练和较短的休息间隔会使运动负荷加大,反之则减小。

(三)环境因素

环境因素对足球运动负荷的影响不容小觑。天气条件,如高温、高湿度环境下,学生的身体散热困难,容易产生疲劳,运动负荷的承受能力会降低。在寒冷天气中,肌肉的灵活性和反应速度可能受到影响,同样需要适当调整运动负荷。此外,训练场地的平整度、摩擦力等也会影响学生的运动表现和负荷。

三、科学控制足球运动负荷的策略

(一)个性化评估与计划制订

针对学生的个体差异,高校足球专项课教师应该在课程开始前对每个学生进行全面的身体素质评估。这包括体能测试、身体机能检查以及运动历史调查等。根据评估结果,为每个学生量身定制运动负荷计划。例如:对于体能较弱的学生,可以先从低强度、高频率的训练开始,逐渐增加运动强度;而对于体能较好地学生,可以适当增加训练的难度和强度,但要注意避免过度训练。同时,要定期对学生的身体状况和运动表现进行重新评估,及时调整运动负荷计划,确保其始终处于最佳状态。

(二)多元化训练内容与方法的结合

为了科学控制运动负荷,应将多种训练内容和方法有机结合。在足球专项课中,可以将技术训练、战术训练、体能训练相互穿插。例如在进行战术训练时,可以融入体能训练元素,如在模拟比赛场景的战术演练中,要求学生在规定时间内完成一定次数的有效传球和进攻跑动,这样既能提高战术理解和执行能力,又能合理控制运动负荷。同时,可以采用多样化的训练方法,如间歇训练法、循环训练法等。间歇训练法可以通过调整高强度训练和休息时间的比例来精准控制运动负荷,而循环训练法则可以让学生在不同的训练项目之间转换,避免单一训练带来的过度疲劳。

(三)环境适应训练与实时调整

为了应对环境因素对运动负荷的影响,高校足球专项课应该包括环境适应训练。在高温天气下,可以逐渐增加学生在相似环境下的训练时间和强度,让他们的身体适应高温环境下的运动负荷。同时,教师要密切关注天气变化和场地条件,在不合适的环境下及时调整训练计划。例如:在高温天气中,可以适当减少高强度训练的时间,增加休息次数和饮水时间;在湿滑的场地上,可以降低训练的速度要求,以减少滑倒受伤的风险和因保持平衡而额外增加的运动负荷。

第二节 高校足球专项课教学中的德育渗透

一、德育渗透在高校足球专项课中的价值体现

在高校足球专项课中融入德育教育具有多方面的重要价值。首先,德育能够培养学生良好的道德品质,如诚实守信、尊重他人、团队合作等。在足球比赛和训练中,学生需要遵守规则,尊重裁判的判罚和对手的努力,这种对规则的尊重和对他人的敬意就是德育的重要体现。其次,德育有助于增强学生的社会责任感。足球是一项集体运动,每个学生在团队中都有自己的角色和责任,通过足球专项课的学习,他们能够明白自己的行为对整个团队的影响,从而培养出强烈的责任感。此外,德育还可以提升学生的意志品质,足球比赛中会遇到各种困难和挫折,如比分落后、受伤等,在面对这些情况时,德育教育能够引导学生保持积极向上的心态,

坚韧不拔地克服困难。

二、足球专项课中德育内容的挖掘

(一)规则意识与自律精神

足球比赛有着严格的规则,这些规则是保证比赛公平、公正进行的基础。在高校足球专项课中,教师要深入挖掘规则背后的德育价值,培养学生的规则意识和自律精神。从最基本的不能犯规、尊重裁判判罚,到自觉遵守比赛时间、听从教练安排等,每一个规则的遵守都是对学生自律能力的锻炼。

(二)团队协作与集体荣誉感

足球是一项高度依赖团队协作的运动。在足球专项课中,可以通过各种团队训练和比赛来培养学生的团队协作能力和集体荣誉感。例如在战术训练中,每个学生都要清楚自己在团队中的位置和职责,与队友密切配合才能完成进攻和防守任务。教师可以通过组织小组对抗赛等形式,让学生深刻体会到团队协作的力量。当球队取得胜利时,共同分享喜悦,增强集体荣誉感;当球队失利时,一起分析原因,互相鼓励,培养团结精神。这种在足球活动中形成的团队协作和集体荣誉感可以延伸到学生的日常生活和学习中,使他们更加懂得与他人合作。

(三)挫折教育与坚忍意志

足球比赛充满了不确定性,胜负乃兵家常事。在高校足球专项课中,要利用足球比赛中的挫折来对学生进行挫折教育。当学生遭遇比赛失利、受伤或者在训练中遇到困难时,教师要引导他们正确面对挫折。告诉他们挫折是成长的一部分,关键是如何从挫折中吸取经验教训。这种挫折教育能够培养学生坚韧不拔的意志品质,使他们在面对生活中的各种困难时也能勇往直前。

三、德育渗透的有效途径与方法

(一)言传身教:教师的榜样作用

教师在德育渗透过程中起着关键作用,他们的言传身教对学生有着深远的影响。足球专项课教师本身要具备良好的道德品质,在教学过程中以身作则。例如教师要严格遵守训练和比赛的时间安排,尊重每一个学生的意见和努力,在面对困难和挫折时保持乐观积极的态度。教师的这些行为会潜移默化地影响学生,成为他们学习的榜样。此外,教师在教学过程中要适时地对学生进行德育教育,激发学生的道德情感和行为模仿。

(二)情境创设:在足球活动中育人

通过创设各种足球情境来实现德育渗透是一种有效的方法。例如在模拟比赛中设置一些特殊情况,观察学生的反应,并在事后引导他们正确处理这些情况。又如在团队训练中故意安排一些需要团队成员相互帮助才能完成的任务,如帮助受伤的队友继续完成比赛等,培养学生的关爱他人和团队精神。这种在真实足球情境中的教育更加生动、具体,能够让学生深刻理解德育内容并将其转化为实际行动。

(三)评价激励:促进德育行为的持续发展

建立科学合理的评价体系,将德育表现纳入对学生足球专项课学习的评价中。除了关注学生的足球技能和体能成绩外,还要对他们的道德行为进行评价。例如:对于在比赛中遵守规则、尊重对手、积极帮助队友的学生给予表扬和奖励;对于有违反道德行为的学生,要及时进行批评教育,并要求其改正。同时,通过评价激励机制,鼓励学生在日常足球训练和比赛中不断提高自己的德育水平,形成良好的道德行为习惯。

第三节 高校足球专项课教学团队的建设

一、教学团队建设对高校足球专项课的意义

高校足球专项课教学团队的建设对于课程的高质量发展至关重要。首先,优秀的教学团队能够保证教学内容的科学性和系统性。足球专项课涉及足球技术、战术、体能、理论等多个方面的知识和技能,教学团队成

员的专业背景和教学经验可以相互补充,共同设计出符合学生水平和需求的教学内容,确保学生全面系统地学习足球知识。其次,教学团队有利于教学方法的创新。不同的教师可能擅长不同的教学方法,在团队交流合作中,可以相互借鉴,尝试新的教学方法,提高教学效果。此外,教学团队还可以为学生提供更丰富的学习资源,包括内部的教学资料共享、组织与校外足球机构的交流合作等,拓宽学生的足球视野。

二、高校足球专项课教学团队的构成要素

(一)多元化的专业背景

一个优秀的高校足球专项课教学团队应该包括具有不同专业背景的成员。其中,足球专业技术人才是核心,他们拥有扎实的足球技能和丰富的比赛经验,能够为学生进行高质量的技术和战术指导。此外,还需要有体育教育专业背景的教师,他们精通教育教学理论,能够根据学生的学习特点设计合理的教学方案。同时,团队中还能有运动生理学、运动心理学等相关专业的教师,他们可以从身体和心理层面为学生的足球训练提供科学指导,确保学生在训练过程中避免受伤,并保持良好的心理状态。

(二)丰富的教学经验与实践经验

教学经验和实践经验是教学团队的重要财富。团队成员应该具备多年的足球教学经验,熟悉不同水平和年龄段学生的特点,能够根据学生的实际情况调整教学内容和方法。同时,他们还应有丰富的足球实践经验,无论是参与足球比赛还是组织足球活动,将实际中的经验和技巧传授给学生。

(三)良好的团队协作精神

团队协作精神是高校足球专项课教学团队高效运行的关键。团队成员之间要相互尊重、相互信任、相互支持。在教学内容设计、教学方法创新、学生问题处理等方面要密切合作。例如在设计足球专项课的课程体系时,不同专业背景的教师要共同参与,充分发挥各自的优势,确保课程

既符合足球运动的规律,又满足教育教学的要求。在面对学生的个性化问题时,团队成员要一起讨论解决方案,共同为学生的成长和发展提供帮助。

三、加强高校足球专项课教学团队建设的措施

(一)人才引进与培养

高校要积极引进高素质的足球专项课教师,拓宽人才引进渠道。不仅要从国内的体育院校和足球专业机构引进人才,还可以考虑引进国外丰富足球教学经验的教师或教练,引入国际先进的足球教学理念和方法。同时,还要注重对现有教师的培养,定期组织教师参加足球教学培训、学术研讨会等活动,鼓励教师到国内外优秀的足球培训机构或高校进行进修学习,不断更新知识结构,提高教学水平。例如可以与国际知名足球俱乐部合作,选派教师参加他们的教练培训课程,学习先进的足球训练方法和战术理念。

(二)团队激励机制的建立

建立完善的团队激励机制可以激发教学团队成员的积极性和创造性。可以从教学成果、科研成果、学生满意度等多个方面对教师进行考核和奖励。对于在足球专项课教学中取得优秀教学成果的教师,如学生足球技能和素质有显著提升、在足球比赛中获得优异成绩等,给予物质和精神奖励。对于在足球教学科研方面有突出贡献的教师,如发表高质量的学术论文、参与重大足球科研项目等,也给予相应的奖励。同时,鼓励团队成员之间的合作,对于合作完成教学改革项目、编写优秀足球教材等的团队给予集体奖励,促进团队成员之间的紧密合作。

(三)团队文化建设

打造积极向上的团队文化对于高校足球专项课教学团队建设有着重要意义。可以通过组织团队建设活动、开展足球文化交流等方式增强团队凝聚力。同时,开展足球文化主题活动,如足球历史知识讲座、足球电

影欣赏等，丰富教师的足球文化素养，营造浓厚的足球氛围。在团队文化建设中，要强调团队的共同目标，即培养高质量的足球人才，让每一位教师都能为这个目标而努力奋斗。

第四节 高校足球文化的传播途径

一、高校足球文化的内涵与价值

高校足球文化是一种独特的校园文化现象，它融合了足球运动的物质文化、精神文化和制度文化。从物质文化层面来看，包括足球场地、器材设备等硬件设施。精神文化则是高校足球文化的核心，它体现为学生和教师对足球运动的热爱、足球精神的传承以及在足球活动中形成的价值观，如拼搏精神、团队精神、公平竞争精神等。制度文化涵盖了高校足球运动的各种规章制度，如比赛规则、球队管理规定等，它保证了足球活动的有序进行。高校足球文化的价值在于丰富校园文化生活，增强学生的身体素质和心理素质，培养学生的团队协作能力和竞争意识，同时也为高校的体育事业发展和校园文化建设注入新的活力。

二、传统传播途径的优化与创新

(一)校园足球比赛

校园足球比赛是传播高校足球文化的重要传统途径。在优化这一途径方面，可以增加比赛的种类和规模。如除了常规的校内班级足球赛、院系足球赛外，可以举办跨校的足球友谊赛、大学生足球联赛等。同时，要提高比赛的组织水平和观赏性。在比赛组织上，要确保比赛的公平、公正、公开，从赛程安排、裁判选派到比赛监督都要做到严谨细致。在观赏性方面，可以通过改进比赛场地的布置、增加现场解说和互动环节等方式，吸引更多的学生和观众前来观看比赛，从而扩大足球文化的影响力。

(二)足球社团活动

足球社团在高校足球文化传播中扮演着重要角色。对足球社团活动进行创新,可以拓展社团活动的内容和形式。比如除了传统的足球训练和比赛外,社团可以组织足球文化节,包括足球摄影比赛、足球征文比赛、足球技巧挑战赛等多种活动,让更多对足球感兴趣但不一定擅长足球运动的学生参与进来。此外,社团还可以邀请足球明星、知名教练等来校举办讲座和交流活动,激发学生对足球文化的热情。

(三)足球课程教学

足球课程教学是传播足球文化的基础环节。在足球课程教学中,可以创新教学方法和内容。例如在教学内容上,增加足球文化知识的比重,除了讲解足球技术和战术外,还可以介绍足球的历史、发展趋势、国际足球赛事等内容。在教学方法上,可以采用多媒体教学手段,播放精彩的足球比赛视频、足球纪录片等,让学生更加直观地感受足球文化的魅力。同时,鼓励教师在课堂上引导学生讨论足球文化相关话题,如足球精神对个人成长的影响等,培养学生对足球文化的深入理解。

三、新媒体时代下的足球文化传播新途径

(一)高校足球官方网站和社交媒体平台

在新媒体时代,高校应该建立自己的足球官方网站和社交媒体账号。通过这些平台,可以及时发布高校足球活动的信息,包括比赛预告、比赛结果、球员风采展示、足球训练动态等。同时,可以制作一些有趣的足球文化内容,如足球搞笑视频、足球知识科普短视频等,吸引学生的关注和分享。此外,利用社交媒体平台的互动功能,开展线上投票、话题讨论、球迷互动等活动,增强学生与高校足球的黏性,扩大高校足球文化的传播范围。

(二)足球主题的网络直播与线上活动

利用网络直播平台开展足球主题的直播活动是一种新的足球文化传

播途径。例如可以对高校足球比赛进行网络直播,让更多不能到现场观看比赛的学生、校友和足球爱好者能够实时观看比赛。在直播过程中,可以设置弹幕互动、解说嘉宾在线答疑等环节,增加观众的参与感。还可以举办线上足球文化活动,如线上足球讲座、线上足球战术分析研讨会等,邀请专家和知名教练通过网络平台为学生和足球爱好者授课,突破时间和空间的限制,传播足球文化知识。

第五章 高校足球教学模式创新研究

第一节 高校足球教学模式构建新思路

近年来,我国高校在足球人才培养方面下足了功夫,不仅青少年足球比赛开展得如火如荼,在学校足球教学改革方面也配套出台了相关的政策。本节立足于高校足球教学模式创新的必要性,从分析足球运动的特点入手,客观地对我国当前高校足球教学训练的情况加以阐述,并在此基础上进行教学思路创新的方法探究,以期提高我国高校足球教学的质量。

体育文化作为我国文化建设和发展的一部分,多年来一直是体育活动改革的理论基础,也是弘扬社会主义核心价值观和传播文化的重要内容。人们对体育文化的重视和理解程度,相较以前有了明显提升,各高校在开展体育活动时,也更加注重体育文化的融入和传播。

一、高校足球教学模式创新的必要性

足球运动在我国古代就是青少年喜爱的体育项目。这项运动不仅能培养队员团结协作、密切配合的团队精神,锻炼自身的灵敏性,提高判断力,还能通过极强的对抗环境锻炼球员的身体素质和心理素质。所以,足球运动的这些特点使得这项运动被广大青少年所接受,足球教学也成为我国高校较早设立的体育课程之一。

创新高校足球课程教学模式,不仅能促使我国足球教学得到长足发展,确保我国足球事业稳步提升,而且对增强学生身体素质、提高学生足球技术、培养学生团队协作能力和竞争意识也会有显著作用。首先,新型的课堂教育模式是站在培养全面发展的足球人才角度,在进行日常足球

教学的过程中,开展足球钻研与探索教学,创新学习路径,使学生掌握更多、更全面的足球知识内容。其次,创新足球教学模式,改变传统课堂体育中老师简单示范、学生被动学习的状态,能激发学生的学习热情和激情,更利于知识的记忆。最后,创新足球教学模式,利用课外知识和新闻对学生进行正向、积极的引导,能加深学生对足球运动的认知,从而帮助学生树立起学习足球的信心,培养他们的爱国情怀,立下为国争光的志向。

二、创新高校足球教学模式的方法探究

首先,更新教学理念。先进的理念是从事任何行业、做好任何事情的前提,在教学领域中,教师如果拥有先进的教学理念,对指导学生学习、提高教学质量至关重要。高校足球教学模式发展缓慢,很大一部分原因是教学理念没有及时更新。因此,创新高校足球教学模式,需从改变教师的教学理念着手,及时组织教师开展教学研讨,以提升教师的整体教学素质与水平。

其次,创新教学方法。足球运动是与时俱进、需要不断创新的运动,在足球教学上,对足球理论和技能的教学也应及时更新,讲求"创新"。因此,在原有的教学方法上,要发掘传统教学方法的优势,找出劣势,不断引入先进的方法和科学技术。例如在为学生讲解足球技术动作要领时,可以引入多媒体技术,通过播放足球资讯及足球技术动作分解视频的形式,去刺激学生的听觉和视觉感官,进而激发学生的学习兴趣,让他们凝聚注意力,更有效地投入学习中。

再次,变革组织模式。"因材施教"的教学理念在我国素质教育中被广泛提倡。在教学过程中,教育者如果想提高足球训练教学的质量,就需要对学生因材施教,了解各个学生的喜好、身体素质以及各自的优点和弱点,进而针对不同特点的学生,制订不同的教学方案。对学生因材施教,不仅能够有针对性地开展教学,使教学效果事半功倍,还能充分发挥学生的主体作用,体现教学的人文性。

最后,完善教学资源。除了在教学理念、教学方法、教学模式、教学团队等方面进行创新改革外,完善教学资源、配备现代化的足球教学设施、创新相关机制,也是提高足球教学质量的关键。相关职能部门不仅要在思想上充分重视高校足球教学课程,设计相关足球赛事,更要加大经费和人员投入,为高校创建现代化、信息化、技术化的足球教学环境提供保障,使足球教学和实践计划真正落到实处,给足球运动员创造在实战中提升自身水平的机会。

第二节 高校足球分层教学模式

一、分层教学模式的内涵与意义

在高校足球教学中,分层教学模式具有独特的价值。它是一种依据学生的足球基础、身体素质、学习能力等因素,将学生分为不同层次进行有针对性教学的方法。这种模式的意义重大,首先,它能满足不同水平学生的学习需求。其次,分层教学有助于提高教学效率。教师可以根据每个层次学生的特点,制定更合适的教学目标、教学内容和教学方法,避免了"一刀切"的教学方式可能导致的部分学生"吃不饱"或"吃不了"的问题,使每个学生在足球课上都能得到充分的发展。

二、分层依据与分层方法

(一)分层依据的多元性

分层依据是多方面的。一是足球技能水平,包括传球、接球、带球、射门等基本技术的掌握程度,以及在比赛场景中的运用能力。例如那些能够熟练完成各种技术动作且在对抗中表现出色的学生可归为较高层次。二是身体素质,像速度、力量、耐力、灵敏性等,身体素质较好的学生在足球训练中往往能承受更高强度的练习,可作为分层的重要参考。三是学习能力和兴趣,对足球有强烈兴趣且学习新知识速度快的学生,更适合在较高层次接受更深入的教学。此外,学生的比赛经验、战术理解能力等也可纳入分层依据的范畴。

(二)分层方法的科学性

分层方法需要科学合理。在课程开始前,可以通过综合测试来确定学生的初始层次。测试内容包括足球技能考核、身体素质测试以及问卷调查了解学生的兴趣和学习能力。然后,根据测试结果将学生大致分为初级、中级和高级三个层次。在教学过程中,还要根据学生的学习进展情况进行动态调整。如果初级层次的学生进步明显,可以将其提升到中级层次;反之,如果高级层次的学生出现学习困难或停滞不前的情况,也可适当调整到中级层次,以保证分层教学的有效性。

三、分层教学的具体实施策略

(一)教学目标的分层设定

针对不同层次的学生,教学目标要有明显区别。对于初级层次的学生,教学目标主要是掌握足球的基本技术和简单战术,如学会正确的传球姿势和基本的二过一战术,培养对足球的兴趣和参与意识。中级层次的学生目标则是进一步提高技术水平,熟练运用多种战术,增强在比赛中的配合能力,例如能够在复杂的对抗环境下准确传球和灵活跑位。高级层次的学生目标是精通各种足球技术和高级战术,具备较强的领导能力和比赛分析能力,如能够组织有效的进攻和防守体系,带领球队在比赛中取得优势。

(二)教学内容的分层设计

教学内容的分层要与教学目标相匹配。初级层次的教学内容以足球基础知识和基本技术为主,如足球的历史文化介绍、简单的控球和传球练习、基本的身体协调性训练等。同时,可以安排一些趣味性的足球游戏,让学生在轻松愉快的氛围中学习。中级层次的教学内容包括较复杂的技术动作,如弧线球射门、过人技巧等,以及一些简单的战术配合训练,如三角进攻、区域防守等。高级层次的教学内容则注重高级战术的讲解和实践,如全攻全守战术、压迫式防守战术等,同时加强比赛分析和指挥能力的培养,让学生观看高水平足球比赛视频并进行战术分析。

(三)教学方法的分层运用

在教学方法上,针对不同层次也要有所不同。对于初级层次的学生,教师应采用直观教学法和分解练习法为主。例如通过示范正确的传球动作,让学生模仿练习,并且将传球动作分解为几个步骤,逐步引导学生掌握。同时,可以多使用鼓励和表扬的方式,增强学生的自信心。中级层次的学生可以采用练习法和比赛法相结合的方式,在完成技术和战术练习后,通过小型比赛来检验和提高学生的运用能力。教师在比赛中要及时指导和纠正学生的问题。高级层次的学生则更多地采用自主学习法和探究式教学法,教师可以提出一些足球战术问题或比赛场景分析问题,让学生自主研究和讨论,然后分享自己的见解,教师再进行点评和总结,培养学生的独立思考和解决问题的能力。

四、分层教学的评价体系

(一)评价内容的分层

评价内容要体现分层的特点。对于初级层次的学生,主要评价其对基本技术的掌握情况、学习态度和参与度。例如:是否能够正确地完成传球、接球动作,是否积极参与课堂练习和足球游戏,等等。中级层次的学生评价内容包括技术的熟练程度、战术的理解和运用能力、团队协作精神等。高级层次的学生的评价则更侧重于战术的创新和运用效果、比赛中的领导能力、对足球理论知识的深入理解等。

(二)评价方式的多样化

评价方式要多样化。可以采用教师评价、学生自评和互评相结合的方式。教师评价要客观公正,根据学生在课堂上的表现、考试成绩等进行综合评价。学生自评可以让学生对自己的学习过程和进步情况进行反思,发现自己的优点和不足。互评可以促进学生之间的相互学习和交流,培养学生的观察和评价能力。此外,还可以结合过程性评价和终结性评价,过程性评价关注学生在整个学习过程中的表现,如每次课堂练习的完成情况、比赛中的参与度等,终结性评价则主要通过期末考试、比赛成绩等方式进行。

第三节 高校足球混合式教学模式

进入 21 世纪,以信息技术为代表的科学技术发展迅猛,有力带动了我国经济的快速发展,使我国在世界上的地位不断提升。当前,国际竞争归根到底是人才的竞争,教育肩负着培养人才的重要使命。

随着信息技术的高速发展,"互联网+"发展模式已逐步深入社会的各个领域。"互联网+教育"成为教育领域发展的新态势,各种关于网络教学的研究也层出不穷。然而在网络教学实践中,受多种因素的制约,网络教学的效果并不理想,无法完全取代传统课堂教学。混合式教学应运而生。混合式教学融合了网络教学与传统课堂的优势,采用线上线下、同步与非同步相结合的方式,最大限度地提升教育效果。足球是高校体育的重要内容之一,将足球教学纳入混合式教学视野中,探索高校足球混合式教学模式,是推进高校体育教学改革的创新举措之一。

一、混合式教学概述

混合式教学是充分利用网络学习与课堂学习二者优势的教学方式。学生可以通过网络资源,如视频、网络文献、音频等来进行学习,在学习中遇到问题时,能够在线下课堂与老师交流沟通,在解决问题的同时实现了课堂效率最大化。在混合式教学的发展过程中,教学模式逐步呈现出本地化的特点和倾向。小规模限制性在线课程是慕课教育本校化的产物,使学习呈现出网状交叉、即时互动的特点。小规模限制性在线课程能够有效整合网络教学与传统课堂教学,使二者达到优势互补的最佳状态,为教师提供一种高效的教学组织形式,使教师能够有效掌控和调节教学过程,提高教学质量和效率。

二、混合式教学模式在足球教学中应用的必要性

(一)高等教育教学改革的内在要求

高校是人才培养的重要基地,如何提升人才培养质量,是高等教育教学改革的关键。在当前网络化、信息化的大背景下,将信息技术引入教育领域是高等教育改革的一大趋势。高校应着力建设和使用在线开放课程,以推进教育教学改革,促进信息技术与高等教育教学融合,提升教师的融合意识、能力及水平。

无论是教育信息化还是"互联网＋教育",二者具有相同的内涵,即充分利用信息技术实现教育教学改革,改变传统的教育教学模式,使教育行业能够共享科技发展的先进成果。混合教学模式契合教育信息化及"互联网＋教育"的发展趋势,适应教育改革的要求,将在今后的教学实践中焕发出强大的生命力。

(二)足球教学发展的需要

传统的足球教学常常采用"教师示范—学生模仿—巩固练习"的教学模式,虽然这一模式在足球教学中能产生一定的效果,但也存在着诸多弊端。

基于足球传统教学的弊端,将混合式教学与足球教学相互整合,充分发挥网络技术的优势,不仅能使学生更直观、生动地学习足球技术动作,还能对技术演示视频进行回放和慢放。对于技术动作中的重难点,可以将其定格到某一画面,对技术动作进行深入细致的剖析,使学生更加精准、规范地掌握技术动作。如果学生在学习过程中仍有无法解决的问题,可以在课堂中及时向教师提出,由教师进行详细讲解。这样一来,学生学习的兴趣与主动性不断提高,又能够更加扎实地掌握足球相关知识和技术动作。在具体教学中,教师可以选择学生喜爱的球星的技术来进行分析和讲解,使学生在轻松愉悦的学习氛围中掌握足球运动的精髓,从而更

加高效地完成课程的学习目标。

三、足球混合式教学模式的构建

教学模式是基于教学理论的相对固定的教学活动框架与程序,能够从宏观上把握教学活动及教学各要素间的内部关系和功能。足球混合式教学模式建立在混合式教学的相关理论基础上,融合了传统足球课堂教学与在线教学的优势,结合高校足球教学的特点与实际情况,将"先教后学"的学习过程转变为"先学后教",即教师提前设计教学活动,引导学生对课程内容进行自主学习,教师再根据学生的学习情况,组织课堂教学,并在课后引导学生进行知识的巩固与延伸。足球混合式教学模式共包含两大部分。

其一,线上教学活动。教师在课前结合学生的学习特点与学习情况认真研究所要教授的内容,将相关教学内容,如教学视频、电子课件、电子文献等整理并上传至本校小规模限制性在线课程平台。教师应提前一周发布导学方案,要求学生自主学习相关资料、参与网上课程讨论并完成单元测试。在学校独立的小规模限制性在线课程平台上,教师将实时对学生提出的问题给予解答。当然,教师也应对学生的线上自主学习进行必要的引导与监督。线上教学活动的主要内容有以下三点:

第一,观看教学视频及资料。学生根据教师在网络平台上发布的相关学习内容,通过网络平台进行在线学习,自行观看教学视频和其他学习资料,为下一步参与网上讨论与完成单元测试做准备。

第二,参与网上讨论。教师会在网络平台的"课堂交流区"中设置与学习内容相关的问题,并发起讨论。学生可以根据个人的兴趣选择参与讨论的问题,此时后台将对学生的讨论情况进行评分。学生只有参与回复本课程的讨论才能计算成绩。发帖总数及回复有效数量超过20条则为满分,即20分。教师分5次发布对每一教学内容的讨论题目,如果每次讨论都为满分,则网上讨论环节的成绩为100分。

第三,完成单元测试。当每一单元的教学任务完成后,教师需要设置单元测试,帮助学生复习本单元的学习内容,使学生能够将所学知识融会贯通,自行构建单元知识体系。每次单元测试共设置 10 道题目(5 道判断题和 5 道选择题),每题计 1 分,共 10 分。足球课程共设有 10 次单元测试,满分为 100 分。

其二,线下课堂教学。在进行线下课堂教学前,教师应首先对学生进行分组。将一个大班 50 名左右的同学,随机分为 6 个小组,每组 8 人左右,并各选出一名组长。学生在线上学习活动的基础上,以小组为单位展示线上自主学习的成果。其他同学与教师对其学习成果进行点评,然后教师综合学生的学习情况及网络平台讨论问题的完成情况,对学生学习过程中的重点和难点进行有针对性的讲解与示范。教师在这一过程中可以为学生提供个性化的指导,促进教学目标的达成。课后教师会将学习过程中的重难点问题及典型问题发布到小规模限制性在线课程平台上。线下课堂教学的主要内容有以下三点:

第一,翻转课堂展示。学习成果的展示环节,可采用翻转课堂的形式。教师随机选择一个小组,通过 PPT 进行学习成果的展示,每次展示须推举小组内的不同成员。小组间可以进行交叉提问与回答。教师根据选中小组的准备情况、课上完成情况及问题回答情况,对其进行打分。

第二,深化教学内容。在翻转课堂展示环节结束后,教师需要对本课的内容进行总结和归纳,将同学们提出的典型问题给予详细的分析与解答,另外还可以结合学生熟知的生活的案例拓展和深化教学内容。

第三,发布课堂精华。教师根据学生的学习情况,总结课程内容和疑难问题。线下课堂教学结束后,助教将总结的相关内容发布到学习平台,方便学生们复习和巩固所学内容。

综上所述,足球混合式教学模式综合了线上网络教学与线下课堂教学的双重优势,是体育教学适应信息化趋势的必然要求。探索足球混合式教学模式能够提高学生的学习效率,推动体育教学改革的深入发展,从而为国家培养更多创新型体育专业人才。

第四节 高校足球合作学习模式

一、合作学习模式的理论基础与特点

高校足球合作学习模式是基于建构主义学习理论和社会互赖理论等多种理论发展而来的。建构主义认为，学生通过与他人的互动和合作，可以更好地构建自己的知识体系。社会互赖理论则强调，个体在合作的社会情境中，其学习成果会受到同伴行为的影响，积极的互赖关系能够促进个体的学习。这种合作学习模式在足球教学中有鲜明的特点。首先，它强调团队合作。足球本身就是一项团队运动，合作学习模式能够让学生在学习足球的过程中深刻体会团队合作的重要性，培养团队协作精神。其次，它注重学生的主体地位。在合作学习中，学生不再是被动的接受者，而是主动参与到学习过程中，与同伴共同探讨、实践足球知识和技能。最后，合作学习模式有利于培养学生的沟通能力和人际交往能力，学生在小组合作中需要相互交流、协调，从而提高自己在这方面的能力。

二、合作小组的组建与分工

(一)小组组建的原则

合作小组的组建要遵循一定的原则。一是异质性原则，即小组成员在足球技能水平、身体素质、学习能力、性格等方面要有差异。这样可以让学生在小组中相互学习、取长补短。二是规模适中原则，小组人数一般以4~6人为宜。人数过多可能导致部分学生参与度不够，人数过少则难以形成有效的合作氛围。三是自愿与协调相结合原则，在可能的情况下，尽量尊重学生的意愿让他们自由组合，但教师也要根据学生的实际情况进行适当调整，确保每个小组的平衡性。

(二)小组内的分工协作

在小组组建完成后，要明确小组内的分工。分工要根据足球教学的

内容和目标以及学生的特长来进行。例如可以设置队长、技术指导、战术分析师、训练记录员等不同角色。队长负责组织小组的训练和比赛活动，协调小组成员之间的关系；技术指导负责帮助小组成员提高足球技术水平，对技术动作进行示范和纠正；战术分析师负责分析足球战术，根据小组成员的特点制订合适的战术方案；训练记录员则负责记录小组的训练情况和比赛数据，为小组的改进提供依据。通过明确的分工，让每个学生都有自己的职责，提高他们的参与度和责任感。

三、合作学习的教学活动设计

（一）足球技术训练中的合作学习

在足球技术训练中，可以采用合作学习的方式。比如在传球训练中，将学生分成小组，每个小组围成一个圈，进行快速传球练习。在练习过程中，学生可以相互观察、相互纠正传球动作，技术好的学生可以分享自己的经验。同时，教师可以提出一些要求，如在一定时间内完成规定次数的准确传球，或者增加传球的难度，如增加传球的距离或在传球过程中加入一些假动作。通过这种合作学习的方式，学生不仅能够提高传球技术，还能培养团队协作和沟通能力。在射门训练中，也可以让小组学生共同设计射门练习方案，如设置不同的射门角度、距离和障碍物，然后每个学生轮流进行射门练习，小组成员负责观察和分析射门效果，提出改进建议。

（二）足球战术训练中的合作学习

在足球战术训练方面，合作学习模式更能发挥优势。教师可以将一个完整的战术分解成几个部分，让每个小组负责研究和实践其中的一个部分。在战术训练过程中，小组之间可以进行模拟比赛，通过实践来检验和改进战术。在比赛结束后，小组内部要进行总结和反思，分析战术执行过程中的问题，如球员之间的配合是否默契、战术调整是否及时等，然后制定改进措施。

(三)足球比赛中的合作学习

在足球比赛中,合作学习模式贯穿始终。比赛前,小组成员要一起分析对手的情况,制定比赛策略。比赛中,小组成员要密切配合,根据场上形势及时调整战术。例如当发现对手的防守漏洞时,负责观察的小组成员要及时通知进攻球员,发动快速反击。在防守时,要相互补位、协防,确保球队的防守稳固。比赛后,小组要进行全面的总结,包括对比赛结果的分析、对每个成员表现的评价以及对战术执行情况的反思。通过这种在比赛中的合作学习,学生能够将足球技术和战术更好地结合起来,提高自己在实际比赛中的能力,同时也能进一步增强团队合作精神。

四、合作学习模式的评价与激励机制

(一)评价维度的多元化

对合作学习模式的评价要从多个维度进行。一是小组整体表现评价,包括小组在足球技术训练、战术训练和比赛中的成绩,如技术动作的准确性、战术执行的效果、比赛的胜负等。二是小组成员个体表现评价,关注每个学生在小组中的技术水平提高情况、对小组的贡献、团队协作能力等。例如:某个学生在小组训练中是否积极帮助其他成员,是否能够按照分工履行自己的职责,等等。三是小组合作过程评价,主要评价小组在合作过程中的沟通情况、协调能力、问题解决能力等。例如:小组在面对训练或比赛中的困难时是否能够共同协商解决,成员之间是否能够有效地沟通交流,等等。

(二)激励机制的实施

建立激励机制可以提高学生在合作学习中的积极性。对于表现优秀的小组,可以给予集体奖励,如颁发足球相关的奖品、荣誉证书等,同时在班级内进行表扬和展示。对于小组中的优秀个人,也可以给予单独的奖励,如足球明星签名的纪念品、足球装备等。奖励不仅可以是物质上的,还可以是精神上的,如在校园足球网站或公告栏上宣传优秀小组和个人的事迹。

第五节 高校足球课内外一体化教学模式

一、课内外一体化教学模式的内涵与价值

高校足球课内外一体化教学模式是将足球课堂教学与课外足球活动有机融合的一种教学创新。这种模式的内涵在于打破传统教学中课堂与课外的界限,使足球教学不再局限于有限的课堂时间和空间。其价值体现在多个方面。首先,它能够丰富学生的足球学习体验。课堂教学可以为学生提供系统的足球知识和技能培训,而课外足球活动则为学生提供了更多实践和应用所学知识的机会,让学生在不同的情境中感受足球的魅力。其次,课内外一体化教学模式有助于提高学生的足球综合素质。通过参与课外足球活动,学生可以在比赛、训练等活动中锻炼自己的身体素质、心理素质、团队协作能力和竞争意识等,进一步巩固和拓展课堂所学内容。最后,这种模式有利于营造浓厚的校园足球氛围,吸引更多学生参与到足球运动中来,促进高校足球事业的整体发展。

二、课堂教学与课外足球活动的衔接

(一)教学目标的连贯性

在课内外一体化教学模式中,课堂教学与课外足球活动的教学目标应保持连贯。课堂教学目标应注重足球基本理论、技术和战术的系统传授,例如:在足球技术教学中,要让学生扎实掌握传球、接球、带球、射门等基本技术动作的规范和要领;在战术教学中,使学生理解简单的进攻和防守战术原理。课外足球活动的目标则是在课堂教学目标的基础上,进一步强化和拓展。比如在课外足球比赛中,学生要能够将课堂所学的战术灵活运用,提高比赛中的实际运用能力,同时在身体素质方面,通过课外

的高强度活动增强耐力、速度、力量等素质,以更好地适应足球比赛的需求。

(二)教学内容的延伸与拓展

课堂教学内容要能在课外足球活动中得到延伸和拓展。在课堂上,教师可以重点讲解足球运动的基本原理、规则和一些经典的技术动作和战术案例。例如通过分析著名足球比赛中的战术运用,让学生理解足球战术的多样性和灵活性。课外足球活动则将这些内容延伸到实际操作中。在课外训练中,可以针对课堂所学的技术动作进行强化练习,并设置一些具有挑战性的情境,如在对抗条件下完成传球和射门练习。在课外足球比赛中,学生可以将课堂所学的战术知识运用到比赛场景中,同时在比赛过程中不断积累经验,发现新的问题,然后再回到课堂上与教师和同学共同探讨解决,形成一个良性的循环。

(三)教师指导的贯穿始终

教师的指导在课内外一体化教学中要贯穿始终。在课堂教学中,教师要对学生进行详细的讲解、示范和指导,确保学生掌握正确的足球知识和技能。例如在足球技术动作的教学中,教师要亲自示范每个动作的步骤、发力方式等,并对学生的练习情况进行及时纠正。在课外足球活动中,教师同样要发挥重要作用。教师可以参与到课外足球训练中,为学生制订个性化的训练计划,指导学生改进技术和战术。在课外足球比赛时,教师可以担任裁判或教练的角色,对比赛过程进行监督和指导,在比赛结束后,组织学生进行总结分析,帮助学生从比赛中吸取经验教训,进一步提高足球水平。

三、课外足球活动的组织与管理

(一)丰富多样的课外足球活动形式

高校应组织丰富多样的课外足球活动。一是足球社团活动,鼓励学生成立足球社团,社团可以定期组织足球训练、足球技巧挑战赛、足球知识讲座等活动。在足球训练中,学生可以根据自己的兴趣和水平选择不同的训练项目,如专项技术训练、体能训练等;足球技巧挑战赛可以激发学生的竞争意识,提高他们的足球技能;足球知识讲座则可以邀请足球专家、学者或知名教练为学生讲解足球的前沿知识和发展趋势。二是校园足球联赛,包括班级联赛、院系联赛等。校园足球联赛可以按照正规的足球比赛规则进行组织,让学生体验到真实的比赛氛围,培养他们的团队协作精神和竞争意识。

(二)完善的组织管理机制

建立完善的课外足球活动组织管理机制是保障活动顺利开展的关键。学校要成立专门的课外足球活动管理机构,负责活动的策划、组织和协调工作。例如在校园足球联赛的组织过程中,管理机构要制定详细的比赛规程、赛程安排、裁判选派等工作。同时,要加强对课外足球活动的安全管理,确保学生在活动中的人身安全。在足球训练和比赛场地周围要配备必要的安全设施和医疗急救设备,对学生进行安全教育,制定安全应急预案,预防和应对可能出现的安全事故。

四、课内外一体化教学模式的评价体系

(一)评价内容的全面性

课内外一体化教学模式的评价内容要全面。一是足球知识和技能评价,包括学生对足球基本理论知识的掌握情况,如足球规则、战术原理等,以及足球技术动作的熟练程度和战术运用能力。这部分评价既要考虑课堂教学中的表现,也要结合课外足球活动中的实际运用情况。二是身体素质评价,通过对学生在课外足球活动中的耐力、速度、力量、灵敏性等身体素质指标的测试,了解学生身体素质的发展情况。三是参与度评价,评价学生在课堂教学和课外足球活动中的参与积极性,如是否按时上课、是否积极参加课外足球训练和比赛等。四是团队协作和体育精神评价,观察学生在课外足球比赛和团队训练中的团队协作表现,如是否尊重队友、

是否积极配合团队行动,以及在比赛中的体育道德风尚,是否遵守比赛规则、是否尊重对手和裁判等。

(二)评价方式的综合性

评价方式要综合运用多种方法。可以采用教师评价、学生自评和互评相结合的方式。教师评价要全面客观,综合考虑学生在课内外的表现。例如教师可以根据学生在课堂上的学习情况、课外足球活动中的参与度和比赛表现等进行评价。学生自评可以让学生对自己在课内外足球学习过程中的进步和不足进行反思,提高自我管理能力。互评则可以促进学生之间的相互学习和交流,培养学生的观察和评价能力。此外,还可以结合过程性评价和终结性评价。过程性评价关注学生在整个课内外足球学习过程中的持续表现,如每次课堂练习、课外训练的完成情况,以及在比赛中的阶段性表现等。终结性评价则可以通过期末考试、课外足球比赛成绩等方式进行,对学生的最终学习成果进行评价。

第六节 高校足球"三位一体"教学模式

一、"三位一体"教学模式的概念与构成要素

高校足球"三位一体"教学模式是一种将足球教学、足球训练和足球竞赛有机结合的创新教学模式。其构成要素包括教学、训练和竞赛三个方面,三者相互依存、相互促进,形成一个完整的教学体系。在这个模式中,足球教学为学生提供了系统的足球知识和技能基础,通过理论讲解、技术示范等方式,让学生了解足球运动的本质和规律。足球训练则是在教学的基础上,对学生的足球技能进行强化和提高,通过有针对性地练习,使学生能够熟练掌握各种足球技术和战术。足球竞赛是对教学和训练效果的检验和提升,学生在竞赛中能够将所学的知识和技能应用到实际场景中,同时在竞赛环境中培养竞争意识、团队协作精神和应对复杂情况的能力。

二、足球教学在"三位一体"模式中的基础作用

(一)系统知识传授

足球教学在"三位一体"模式中承担着系统知识传授的重要任务。在教学过程中,教师要向学生讲解足球的历史文化、规则、基本技术和战术理论等知识。例如:通过讲述足球运动在世界范围内的发展历程,让学生了解足球的文化底蕴和社会价值;详细解读足球比赛的规则,使学生明白比赛的公平性原则和各种判罚标准;系统介绍足球的基本技术,如传球、接球、带球、射门等技术动作的原理和规范,以及简单的战术理论,如进攻战术中的二过一、边中结合,防守战术中的区域联防、人盯人等。通过这些系统知识的传授,为学生后续的训练和竞赛打下坚实的理论基础。

(二)技能培养与示范

除了知识传授,足球教学还要注重学生足球技能的培养和示范。教师要通过示范、分解练习等方法,让学生逐步掌握足球技术动作。在示范过程中,教师要准确、清晰地展示每个技术动作的细节,包括身体姿势、动作幅度、发力方式等。例如在示范射门技术时,要展示不同类型射门的动作要领,让学生能够直观地看到正确的动作。同时,要引导学生进行分解练习,将复杂的技术动作分解为几个简单的步骤,让学生逐步掌握。在学生练习过程中,教师要及时进行指导和纠正,确保学生掌握正确的技能,为足球训练和竞赛中的实际应用做好准备。

三、足球训练在"三位一体"模式中的强化作用

(一)针对性训练计划制订

足球训练在"三位一体"模式中具有强化学生足球能力的关键作用。训练要根据学生的实际情况和教学目标制订有针对性的训练计划。首先,要对学生的足球水平进行评估,包括技术水平、身体素质、战术理解能力等方面。然后,根据评估结果制订分层训练计划。对于技术水平较低的学生,重点加强基本技术的训练,如增加传球、接球练习的时间和强度;

对于身体素质较差的学生,安排专项的体能训练,如耐力训练、力量训练等;对于有一定基础的学生,可以增加战术训练的比重,提高他们在比赛中的战术运用能力。

(三)多样化训练方法运用

在足球训练中,要运用多样化的训练方法。一是重复训练法,对于足球的基本技术动作,如控球、传球等,可以通过多次重复练习,让学生形成肌肉记忆,提高技术的稳定性。二是模拟比赛训练法,通过模拟真实的比赛场景,让学生在接近实战的环境中提高技能和战术运用能力。可以设置一些特定的比赛情境,如模拟比分落后情况下的进攻战术,或者模拟对手的某种防守战术下的进攻应对策略。三是综合训练法,将足球技术、战术、体能训练有机结合。

四、足球竞赛在"三位一体"模式中的检验与提升作用

(一)教学与训练效果的检验

足球竞赛是检验足球教学和训练效果的重要环节。在竞赛中,学生是否能够准确地运用所学的足球技术和战术,是对教学和训练质量的直接反映。例如如果学生在比赛中能够熟练地运用各种传球技术进行进攻组织,准确地完成射门动作,并且能够根据比赛形势合理地运用战术,说明教学和训练在技术与战术方面取得了较好的效果。同时,竞赛也能检验学生的身体素质是否满足足球比赛的要求,如学生在比赛中的耐力、速度、力量等素质的表现。此外,通过竞赛还可以观察学生的团队协作精神、竞争意识和应对压力的能力等综合素质,这些都是教学和训练成果的重要体现。

(二)能力提升与经验积累

足球竞赛不仅是检验,更是提升学生足球能力和积累经验的过程。在竞赛环境中,学生面临着真实的对手和复杂的比赛形势,这促使他们不断地提高自己的能力。同时,每一场比赛都是一次宝贵的经验积累过程,学生可以从比赛中学习到如何应对不同类型的对手、如何在比分领先或落后的情况下调整心态和战术等。这些经验会反馈到后续的教学和训练

中,进一步提高学生的足球水平,促进"三位一体"教学模式的持续发展。

五、"三位一体"教学模式的协调与整合

(一)教学、训练、竞赛的有机衔接

在高校足球"三位一体"教学模式中,教学、训练和竞赛要实现有机衔接。教学内容要为训练和竞赛提供理论和技术基础,训练要围绕教学内容进行强化和拓展,并为竞赛做好准备,竞赛则要对教学和训练的效果进行检验和反馈,形成一个循环的体系。同时,在时间安排上也要合理衔接,避免教学、训练和竞赛之间的脱节。可以将教学安排在学期的前期,让学生系统学习足球知识和技能;训练贯穿整个学期,根据教学进度和学生的实际情况逐步提高训练强度和难度;竞赛则安排在学期的中后期,让学生在竞赛中展示和提升自己的能力。

(二)资源整合与优化配置

实施"三位一体"教学模式需要整合和优化配置各种资源。一是人力资源的整合,包括教师、教练和裁判等。教师要具备丰富的教学经验和足球专业知识,负责足球教学工作;教练要熟悉足球训练方法和技巧,指导学生的训练;裁判要公正执法,保证竞赛的公平公正。同时,要加强这些人员之间的沟通与协作,形成一个高效的教学团队。二是物力资源的整合,包括足球场地、器材设备等。要确保足球场地的质量和数量满足教学、训练和竞赛的需求,合理配置足球、球门、训练辅助器材等设备,提高资源的利用效率。

六、"三位一体"教学模式的评价体系

(一)评价指标的多元化

高校足球"三位一体"教学模式的评价指标应多元化。一是教学评价指标,包括教学内容的科学性、教学方法的有效性、教师的教学能力等。例如:教学内容是否符合学生的实际水平和足球教学的规律,教学方法是否能够激发学生的学习兴趣和提高学习效果,教师是否能够准确地传授知识和指导学生练习,等等。二是训练评价指标,主要有训练计划的合理

性、训练方法的针对性、训练效果的显著性等。如训练计划是否根据学生的特点和需求制订,训练方法是否能够有效提高学生的足球能力,训练后学生的足球技术、战术和身体素质是否有明显的提高。三是竞赛评价指标,包括竞赛成绩、学生在竞赛中的技术运用水平、战术执行能力、团队协作精神、竞争意识等。例如球队在竞赛中的胜负情况,学生在比赛中是否能够熟练运用所学技术和战术,是否能够积极配合队友完成比赛任务,是否具有强烈的竞争意识等。

(二)评价方法的综合运用

评价方法要综合运用多种手段。可以采用定量评价与定性评价相结合的方法。定量评价可以通过数据统计来实现,如学生在教学中的考试成绩、训练中的体能测试数据、竞赛中的进球数、助攻数、传球成功率等。定性评价则可以通过观察、访谈等方式进行,如观察学生在教学、训练和竞赛中的表现,对教师、教练和学生进行访谈,了解他们对教学、训练和竞赛的看法和建议。此外,还可以采用自我评价、相互评价和教师评价相结合的方式,全面、客观地评价"三位一体"教学模式的实施效果,为教学模式的改进和完善提供依据。

七、"三位一体"教学模式的创新实践案例分析

(一)案例背景介绍

以某高校为例,该校在足球教学方面一直积极探索创新模式。在实施"三位一体"教学模式之前,足球教学、训练和竞赛之间缺乏有效的衔接,学生参与足球的积极性不高,足球水平提升缓慢。学校拥有一定数量的足球场地和专业教师,但资源利用效率有待提高。基于此,学校决定引入"三位一体"教学模式进行改革。

(二)具体实践措施

1. 教学环节创新

在教学内容上,除了传统的足球技术和战术讲解,增加了足球文化与历史、足球赛事欣赏等课程内容,拓宽学生视野,提高学生对足球的兴趣。例如通过讲述世界杯等重大赛事的历史故事,让学生了解足球背后的文

化内涵。在教学方法上，采用多媒体教学与实践教学相结合的方式。教师利用视频分析软件讲解足球技术动作，使学生更清晰地看到动作细节；同时在实践教学中引入小组竞赛形式，增强学生的参与度和竞争意识。

2.训练环节优化

学校根据学生的足球水平测试结果进行分组训练。对于零基础或基础薄弱的学生，制定了基础体能和足球基本技术的训练套餐，包括带球绕桩、短距离传球等练习，并逐渐增加难度。对于有一定基础的学生，安排了更具挑战性的训练内容，如高强度对抗训练、复杂战术演练等。同时，引入智能穿戴设备监测学生的训练数据，如心率、运动强度等，以便教练根据数据调整训练计划，确保训练的科学性和安全性。

3.竞赛环节拓展

学校积极拓展竞赛形式和规模。除了传统的校内班级足球赛和院系足球赛，还组织了跨校足球友谊赛、校内足球联赛等。在竞赛组织上，更加注重专业性和规范性，邀请专业裁判执法，同时在比赛中融入了足球文化展示环节，如球队队旗展示、球员入场仪式等，增强比赛的仪式感和观赏性。

(三)实践效果分析

1.学生足球水平显著提升

经过一学期的实践，学生在足球技术、战术理解和运用能力方面有了明显进步。在技术方面，传球准确率平均提高了20%，射门成功率也有显著提升。从战术角度看，学生在比赛中能够更加灵活地运用所学战术，团队配合更加默契，比赛中的失误明显减少。

2.学生参与足球的热情高涨

通过丰富的教学内容、多样化的训练方法和精彩的竞赛活动，学生对足球的兴趣得到极大激发。参与足球课的学生人数从原来的不足300人增加到500多人，足球社团成员数量也大幅增长，校园内足球氛围越发浓厚。

3.资源利用效率提高

"三位一体"教学模式促使教师、教练和裁判之间加强了协作，提高了人力资源的利用效率。同时,足球场地和器材设备得到更充分地利用,学校还利用竞赛活动吸引了社会赞助,进一步改善了足球教学和训练的条件。

(四)经验总结与启示

1. 强调协同发展

"三位一体"教学模式中教学、训练和竞赛三个环节相互协同至关重要。只有当教学为训练和竞赛提供坚实的理论和技术支持,训练为竞赛做好充分准备,竞赛又能反馈于教学和训练,才能形成良性循环,促进学生足球水平的提升。

2. 注重个性化和科学训练

根据学生的实际水平制订个性化训练计划,并利用现代科技手段进行科学训练是提高训练效果的关键。这不仅能满足不同层次学生的需求,还能最大限度地挖掘学生的潜力。

3. 打造足球文化氛围

通过在教学、训练和竞赛中融入足球文化元素,能够增强足球运动的吸引力,提高学生参与足球的积极性。这启示我们在实施"三位一体"教学模式时,要注重足球文化的建设,让足球成为校园文化的重要组成部分。

八、"三位一体"教学模式在不同类型高校中的适应性调整

(一)综合类高校

1. 特点与需求分析

综合类高校学科门类丰富,学生来源广泛,兴趣爱好多样。学生在参与足球活动时,可能更注重足球与其他学科的融合以及足球对综合素质的提升。此外,综合类高校可能在体育设施和师资方面具有一定优势,但资源分配相对分散。

2. 调整策略

在教学内容上,可以增加足球与其他学科交叉的部分,如足球运动中

的物理学原理、足球赛事中的经济学分析等,拓宽学生的思维。训练计划可更加灵活,根据学生的课程安排设置多样化的训练时间和强度选择。竞赛组织可以与学校的其他文化活动相结合,如举办足球文化节,将足球竞赛与足球文化展示、学术讲座等活动融合,吸引更多不同专业背景的学生参与。

(二)理工类高校

1. 特点与需求分析

理工类高校学生逻辑思维能力强,对数据和技术应用可能更感兴趣。在足球教学中,他们可能希望通过科学的方法来提高足球技能和理解足球运动。同时,理工类高校可能在科技研发和应用方面具有优势,可利用相关资源支持足球教学。

2. 调整策略

教学过程中可以更多地引入科技元素,如利用运动分析软件详细讲解足球技术动作的力学原理,通过大数据分析学生的训练和比赛数据,为学生提供个性化的训练建议。训练中可尝试使用一些科技辅助训练设备,如智能足球、虚拟现实训练系统等,提高训练的趣味性和效果。竞赛方面,可以鼓励学生运用所学的科技知识对足球比赛进行数据分析和战术优化,开展相关的科技竞赛与足球竞赛相结合的活动。

(三)师范类高校

1. 特点与需求分析

师范类高校以培养教育人才为主要目标,学生在参与足球活动时,可能更注重足球教学方法和教育意义的挖掘。同时,师范类高校具有良好的教育资源和教育实践平台,可将足球教学与教育实习相结合。

2. 调整策略

在教学中,加强足球教学方法的传授,如针对不同年龄段和水平的学生进行足球教学,让学生在学习足球技能的同时掌握足球教学技能。训练环节可以组织学生开展足球教学实践活动,让他们在实践中锻炼教学能力。竞赛组织可以与教育实习基地的学校联合举办,让师范类高校的学生参与到基层足球竞赛的组织和指导工作中,提高他们的教育实践能力和对足球教育意义的理解。

(四)艺术类高校

1. 特点与需求分析

艺术类高校学生具有较强的创造力和表现力,对足球的审美和文化艺术方面可能有更高的追求。他们希望在足球活动中展现个性和艺术魅力,同时也能将足球与艺术创作相结合。

2. 调整策略

教学内容可增加足球艺术文化方面的内容,如足球与舞蹈、音乐、美术等艺术形式的融合,鼓励学生进行足球相关的艺术创作。在训练过程中,可以注重培养学生在足球场上的表现力和创造力,如设计富有创意的足球训练动作和表演形式。竞赛组织可以突出艺术特色,如举办足球艺术表演赛,将足球比赛与艺术表演相结合,评选出最具艺术表现力的球队和球员,激发学生的参与热情。

通过对"三位一体"教学模式在不同类型高校中的适应性调整,可以更好地满足各类高校学生的需求,发挥足球教学在高校教育中的独特作用,促进足球运动在高校的蓬勃发展。

九、"三位一体"教学模式与高校足球人才培养的长期规划

(一)人才培养目标的分层与细化

在高校足球"三位一体"教学模式下,足球人才培养目标应根据学生的不同发展方向进行分层和细化。对于以兴趣爱好为主要目的的普通学生群体,目标是培养他们具备基本的足球知识、技能和对足球运动的热爱,使他们能够在课余时间积极参与足球活动,享受足球带来的乐趣,并在身体素质、团队协作和竞争意识等方面得到锻炼和提升。

(二)基于长期规划的教学、训练与竞赛调整

1.教学内容的渐进式深化

在长期规划中,教学内容应随着学生年级的升高和足球水平的提升而渐进式深化。对于低年级学生,以足球基础知识和基本技术为主,如足球规则、简单的控球和传球技术等,同时注重培养学生对足球的兴趣。随着年级的增长,逐渐增加足球战术理论、足球历史文化等深度内容,以及更复杂的技术动作,如不同类型的射门技巧、过人技巧等。到了高年级,对于有潜力的学生,可以引入高级足球战术分析、足球训练方法、足球裁判知识等内容,拓宽他们的足球视野,为他们未来从事足球相关工作或进一步深造做好准备。

2.训练计划的连贯性与拓展性

训练计划要保持连贯性,从基础体能和基本技术训练开始,逐步向专项体能、复杂战术训练拓展。在整个大学期间,基础体能训练应贯穿始终,但训练强度和方式要根据不同阶段有所调整。例如:大一、大二学生以全面提升身体素质为目标,可采用多样化的体能训练方法;大三、大四学生则可针对足球专项体能进行更具针对性的训练,如结合足球比赛特点的间歇跑、变速跑等。在技术和战术训练方面,随着学生水平的提高,训练的难度和复杂性要相应增加。同时,要为有潜力的学生提供拓展训练机会,如参加足球训练营、与校外高水平球队交流比赛等,不断提高他们的能力。

3.竞赛体系的完善与升级

建立完善的竞赛体系对于足球人才培养的长期规划至关重要。在高校内部,除了常规的班级、院系足球赛外,应形成从低级别到高级别的校内联赛体系,让不同水平的学生都有参与比赛的机会。同时,要积极与其他高校建立长期稳定的竞赛交流机制,组织校际足球联赛、友谊赛等,为学生提供更广阔的比赛平台。对于有潜力的学生,可推荐他们参加省级乃至全国性的大学生足球赛事,在更高水平的竞争中锻炼自己。此外,竞赛的组织和管理要不断完善,包括比赛规则的严格执行、裁判队伍的建

设、竞赛数据的统计与分析等,为学生创造公平、有序、高质量的竞赛环境。

(三)与社会足球资源的对接与合作

1. 与足球俱乐部的合作

高校可以与当地的足球俱乐部建立合作关系,为学生提供更多的足球发展机会。一方面,俱乐部可以为高校足球教学、训练提供专业指导,派遣教练到高校开展讲座、指导训练等活动,帮助高校提升足球教学水平。另一方面,高校可以为俱乐部输送优秀的足球人才,建立人才选拔和推荐机制,让有潜力的学生有机会进入俱乐部进行实习或进一步发展。此外,俱乐部与高校可以联合举办足球赛事,增加比赛的影响力和关注度。

2. 与足球培训机构的协作

与足球培训机构的协作也是高校足球人才培养的重要途径。培训机构可以为高校学生提供假期足球培训课程,针对学生的不同需求和水平设计个性化的培训方案,进一步提高学生的足球技能。高校可以利用培训机构的资源开展足球教练培训、裁判员培训等活动,拓宽学生的就业渠道。同时,双方可以共同开展足球科研项目,研究足球教学、训练方法等内容,促进足球领域的学术发展。

3. 参与社会足球公益活动

鼓励高校足球学生参与社会足球公益活动,如足球进校园、社区足球推广等。通过这些活动,学生可以将自己所学的足球知识和技能传递给更多的人,提高足球运动在社会中的普及程度。同时,这也有助于培养学生的社会责任感和公益意识,提升学生的综合素质,为他们成为全面发展的足球人才奠定良好的基础。

十、"三位一体"教学模式下的足球教师专业发展

(一)新角色与新要求

在"三位一体"教学模式下,足球教师的角色发生了新的变化,面临着

更高的要求。教师不再仅仅是传统意义上的知识传授者,更是足球教学、训练和竞赛的组织者、指导者和协调者。这要求教师具备全面的足球专业知识,包括足球技术、战术、训练方法、竞赛规则、足球历史文化等方面的深入理解,以便能够在教学中系统地传授知识,在训练中科学地指导学生,在竞赛中准确地评判和指导比赛。同时,教师需要具备良好的组织协调能力,能够合理安排教学内容、训练计划和竞赛活动,协调学校内部各部门之间以及与校外足球资源的合作关系。此外,教师还应具备一定的教育心理学知识,了解学生在足球学习过程中的心理变化,能够根据学生的心理特点调整教学和训练方法,激发学生的学习兴趣和动力。

(二)专业发展途径

1. 持续教育与培训

足球教师应积极参加各种形式的持续教育和培训活动。教育部门和学校可以组织定期的足球教师培训课程,邀请国内外知名足球专家、教练来授课,内容涵盖最新的足球教学理念、训练技术、战术发展趋势等。教师也可以自主参加足球相关的学术研讨会、培训班等,与同行交流经验,了解足球领域的前沿信息。例如参加国际足联或中国足协组织的足球教练培训课程,获取更高级别的教练证书,提升自己的专业水平。

2. 教学实践与反思

教学实践是足球教师专业发展的重要途径。教师在日常的足球教学、训练和竞赛指导过程中,要不断尝试新的教学方法、训练手段和竞赛组织形式,通过实践检验其有效性。同时,要养成反思的习惯,每堂课后、每次训练结束后、每场比赛指导后,都要对自己的工作进行总结和反思,分析其中存在的问题和不足之处,如教学内容是否符合学生的实际需求、训练计划是否达到预期效果、竞赛指导是否准确合理等,并思考改进的方法。通过不断地实践与反思,教师可以逐步提高自己的专业能力。

3. 参与足球科研项目

参与足球科研项目有助于足球教师深入研究足球教学、训练和竞赛中的问题,提升自己的理论水平。教师可以结合自己在教学实践中遇到的问题,申报足球相关的科研课题,如"足球分层教学在高校中的应用研究""高校足球训练中运动损伤的预防与处理"等。通过查阅文献、开展调查研究、实验研究等方法，探索解决问题的有效途径，并将研究成果应用到实际工作中。同时，参与科研项目还可以促进教师与其他科研人员、足球专家的交流合作，拓宽自己的学术视野。

(三)教师团队建设与协作

1. 构建多元化教师团队

为了更好地实施"三位一体"教学模式，高校应构建多元化的足球教师团队。团队成员应包括足球专业教师、具有丰富竞赛经验的退役足球运动员、运动生理学家、运动心理学家等不同专业背景的人员。足球专业教师负责日常的教学工作，退役运动员可以为训练和竞赛提供实践经验指导，运动生理学家和运动心理学家则可以从科学的角度为学生的体能训练、心理调适等方面提供专业支持。通过不同专业背景人员的协作，可以为学生提供更全面、专业的足球教学服务。

2. 团队协作与交流机制

建立良好的团队协作与交流机制是教师团队发挥作用的关键。学校可以定期组织教师团队研讨会、工作坊等活动，让教师们分享教学、训练和竞赛中的经验和问题，共同探讨解决方案。同时，在日常工作中，教师之间要加强沟通与协作，如共同制订教学计划、训练方案和竞赛组织计划等。对于一些复杂的问题，如学生的个性化训练问题、严重的运动损伤问题等，可以组织跨专业的教师会诊，充分发挥团队的智慧和力量。通过团队协作与交流，不仅可以提高教师的专业水平，还可以促进"三位一体"教学模式的有效实施。

第七节　高校足球螺旋式教学模式

随着社会经济的不断发展和教育水平的不断提高，体育课程作为近年来教育关注的重点课程之一，其发展进程也在不断加快。体育课程作为学生从小到大的必修课，对学生的身体健康具有重要意义。本节针对现阶段在高校足球课程中应用螺旋式教学模式的意义进行讨论，并对现阶段在高校足球课程中应用螺旋式教学模式存在的实际问题以及如何合理地构建螺旋式教学模式进行分析,希望能够为高校足球教师在进行课程教育改革的过程中提供一定的参考价值,以帮助高校足球课程更好地提升质量。

近年来,随着高校体育课程的不断改革,高校足球课程教学模式也在不断进行改良。体育课程作为学生的必修课程,能够有效地帮助学生提升自身素质,丰富课程种类,使学生提升综合素质,促进学生全面发展。螺旋式教学模式作为近年来新兴的教育模式,其应用能够有效增加学生对足球课程的兴趣,提升高校足球课程的教学质量,从而促使学生更好地进行自我发展。但是螺旋式教学的实际应用过程也存在着一定的问题,这些实际问题的存在,使得螺旋式教学模式在高校体育课程中无法有效地发挥出自身的优势。因此,高校教师要不断提升自身的教学素质,依据学生的实际情况有效地开展螺旋式教学,从而更好地促进学生学习高校足球课程,并有效保障学生的身体健康。

一、现阶段在高校足球课程中应用螺旋式教学模式的意义

现阶段,螺旋式教学模式在高校足球课程中的应用具有重要意义。螺旋式教学模式的应用能够有效帮助学生进行足球理论知识的学习,能够有效激发学生对足球课程的兴趣,从而在整体上促进学生对足球课程的学习,推动学生的全面发展。

(一)螺旋式教学能够有效帮助学生激发自身对高校足球课程的兴趣

现阶段高校足球教师在日常的教学过程中应用螺旋式教学模式能够有效激发学生对足球课程的积极性,从而有效地促进学生在足球课程中的学习主动性,在整体上提升高校足球体育课程的质量。目前螺旋式教学模式作为一种新型教学模式,学生对其较为陌生,因此在教师应用螺旋式教学的过程中,学生对其好奇程度也比较高,从而该模式能够有效激发学生对足球课程的热情,并有效帮助学生进行足球项目的学习。体育作

为一种学生从小到大都在不停进行学习的学科,传统的教学模式对于学生而言很难激起他们学习的热情,并且单一的足球教学模式会使学生在实际的学习过程中无法有效、充分地集中注意力进行学习。因此高校足球教师在日常的教学过程中应用螺旋式教学模式可以有效激发学生对足球课程的兴趣,从而在整体上提高学生的学习积极性,有效帮助学生进行足球项目的学习,促使学生进行运动,保持身体健康。

(二)螺旋式教学能够有效帮助学生在高校足球课程中学习相关理论知识

在现阶段的高校足球体育教学过程中,多数教师采用单一的室外教学方式,使得学生对足球课程内部的理论知识一知半解,进而导致学生对足球项目的了解不够深刻。在高校足球课程中应用螺旋式教学,能够使学生充分了解足球项目的内部理论知识,加深学生对足球项目的了解,从而在整体上有效帮助学生更加深入地进行高校足球课程的学习。高校足球教师能够在利用螺旋式教学的过程中针对足球项目进行由易到难的教育教学,并且能够利用螺旋式教学模式有效帮助学生学习足球项目的理论知识,从而有效加深学生对足球课程的认知和理解。

(三)螺旋式教学能够有效帮助学生提升其自主学习能力

高校足球教师在足球课程的教学过程中,可以利用螺旋式教学方式促使学生进行自主学习,从而有效帮助学生提升身体协调能力和自主学习能力。高校足球教师在应用螺旋式教学模式的过程中,可以利用多媒体技术帮助学生进行初步的足球动作学习,也可以采用其他多种方式帮助学生初步学习足球动作,从而有效提升学生的自主学习能力,激发学生对足球动作学习的兴趣,使高校足球教学的质量不断提升。

二、现阶段在高校足球课程中应用螺旋式教学模式存在的实际问题

现阶段,高校足球教师在应用螺旋式教学模式进行实际教学的过程中存在一定问题,这些问题的存在使得螺旋式教学模式自身的优势在高

校足球课程中难以充分发挥出来。首先,在高校足球课程的实际应用过程中,部分教师对螺旋式教学模式的具体应用方式了解不深。部分高校足球教师对螺旋式教学模式的了解较为浅显,教师在应用螺旋式教学模式的过程中往往流于表面,不仅没有有效发挥出螺旋式教学模式的作用,反而使得足球的课程教学质量有所下降。其次,部分高校足球教师在应用螺旋式教学模式的过程中没有具体结合学生的实际情况。部分足球教师在应用螺旋式教学模式的过程中没有掌握好教学的进度,且对学生的实际足球水平了解不够深入,从而使得教师无法利用螺旋式教学模式有效地促进学生学习,更甚者还耽误了足球课程教学进度。总之,现阶段高校足球教师在应用螺旋式教学模式的过程中存在一些降低教学质量的实际问题。

三、现阶段在高校足球课程中对螺旋式教学模式进行构建的有效措施

螺旋式教学模式在现阶段高校足球课程的应用过程中,须进行有效的构建,才能在实际教学过程中充分发挥积极作用。在实际构建过程中,要充分考虑可能出现的实际问题并进行有效改善。

首先,高校足球教师要不断提升自身素质。高校足球教师要持续进行有效的学习,不断提升自身的个人素质,从而在实际应用过程中能够更有效地发挥螺旋式教学模式的积极作用。螺旋式教学模式作为近年来新兴的一种教学模式,与传统教学模式有本质上的不同。因此,高校足球教师在应用螺旋式教学模式的过程中,首先要对螺旋式教学模式有深刻的了解,只有了解如何将螺旋式教学模式与实际教学过程相结合,才能更好地促进学生进行足球课程的学习。高校可以组织足球教师进行定期的统一学习,帮助教师不断提升个人素质,促进螺旋式教学模式在实际教学中的有效开展。

其次,高校足球教师要掌握开展螺旋式教学的方式。教师要充分了解螺旋式教学模式的应用流程,要对螺旋式教学模式在实际教学中的构成进行充分的学习,以便在日常的教学过程中能够有效地开展螺旋式教

学。高校足球教师在开展螺旋式教学的过程中，要掌握足球教学从易到难、从理论到实践的过程，以帮助学生充分进行足球课程的学习。在螺旋式教学开展过程中，教师可以利用网络平台，按照由易到难的顺序对学生进行理论知识的教育教学，并且可以在之后开展视频教学，使学生能够在自主学习的过程中初步了解足球动作，提升学生的自主学习能力。

最后，高校足球教师要采用与螺旋式教学模式相配套的评价方式。现阶段，高校足球教师在利用螺旋式教学模式开展教学的过程中，要应用与螺旋式教学模式相配套的评价方式，以合理有效的评价方式点燃学生对足球学习的热情。高校足球教师可以将评价分为理论评价与实践评价，即将学生的理论成绩与足球动作表现成绩相结合。

综上所述，高校足球教师在实际的教学过程中应用螺旋式教学模式具有重要意义。现阶段，在新课改不断深入的进程中，螺旋式教学模式作为一种新型教学模式被应用于高校的足球体育课程中。高校足球教师在课程教学中应用螺旋式教学模式能够有效帮助学生激发自身对足球运动的兴趣，提升高校足球课程的教学质量，并且能够有效提升学生的学习主动性，从而更好地帮助学生保持身体健康、提升自身素质。然而，在现阶段螺旋式教学模式的应用过程中，部分教师存在教学素质较低、未结合实际教学情况等问题，致使螺旋式教学模式在实际应用过程中无法充分发挥自身的积极意义，甚至使学生对足球课程的兴趣降低，进而在整体上导致了足球课程的教学质量下降。因此，高校足球教师在应用螺旋式教学模式时，须不断提升个人素质，对螺旋式教学模式进行深入的了解，并结合教学进度等实际情况，制定合理科学的教学目标，从而在教学过程中能够对螺旋式教学模式进行合理的构建，在整体上促进学生的足球学习，帮助学生全面发展。

第六章 高校足球教学能力培养创新研究

第一节 高校足球教学中人文精神的培养

一、人文精神在高校足球教学中的内涵与价值

在高校足球教学的情境中,人文精神有着丰富而深刻的内涵。它是一种以人为本,尊重学生个性、情感和尊严的精神理念,体现在对学生全面发展的关注上。从价值层面来看,人文精神的培养有助于塑造学生健全的人格。足球不仅仅是一项身体运动,在教学过程中融入人文精神,能让学生在竞争与合作中学会尊重他人、理解他人,培养宽容和善良的品质。这种人格塑造对于学生的一生都有着深远影响,无论是在未来的职业发展还是人际交往中都能发挥积极作用。

同时,人文精神能够提升足球教学的文化底蕴。足球运动本身承载着丰富的文化内涵,包括不同国家和地区的足球传统、足球所代表的团结协作和拼搏精神等。通过在教学中培养人文精神,可以深入挖掘这些文化元素,使足球教学超越简单的技能传授,成为传播文化的重要途径,让学生在参与足球运动的同时领略到更广阔的人文世界。

二、足球教学中人文精神培养的目标设定

(一)培养学生的尊重意识

在足球教学中,首要的目标是培养学生对人的尊重。这包括尊重队友、尊重对手、尊重教练和裁判。尊重队友意味着在训练和比赛中理解他们的努力和付出,不抱怨、不指责,积极配合。例如当队友出现失误时,不

是批评,而是给予鼓励和支持。尊重对手则体现在遵守比赛规则,不使用不正当手段获取胜利,认可对手的实力和努力,无论比赛结果如何,都能保持礼貌和谦逊。对于教练和裁判,要尊重他们的指导和判罚,理解他们为足球教学和比赛所做的工作。

(二)塑造学生的团队合作精神

足球是一项团队运动,团队合作精神是人文精神在足球领域的重要体现。通过足球教学,要让学生明白团队的力量大于个人,每个成员在团队中都有独特的价值。在训练中,设计各种需要团队协作完成的任务,如小组战术演练、多人传球练习等,让学生在实践中体验如何与队友相互配合、相互支持。培养学生为了团队目标而努力的意识,当团队遇到困难时,能够共同面对,积极寻找解决问题的办法,而不是各自为战。

(三)培养学生的责任感和担当精神

在足球教学中,要注重培养学生的责任感。每个学生在足球场上都有自己的角色和职责,无论是进攻还是防守,都要对自己的行为负责。例如在防守时,负责防守某个区域或盯防某个对手的学生,要认真履行自己的职责,不能轻易放弃。在比赛中,如果球队失利,要引导学生从自身找原因,思考自己在比赛中的表现,培养他们敢于担当的精神,而不是推诿责任。这种责任感和担当精神不仅在足球场上重要,在学生的学习和生活中同样具有关键意义。

三、人文精神培养的教学内容与方法

(一)挖掘足球文化素材

足球文化蕴含着丰富的人文精神元素,教师可以将其融入教学内容。例如介绍足球的起源和发展历程,从古代足球到现代足球,让学生了解足球是如何在不同文化背景下演变的,其中涉及的民族精神、地域特色等都能为人文精神的培养提供素材。讲述著名足球俱乐部的历史和文化,如曼联的坚韧不拔、巴塞罗那的艺术足球理念等,这些俱乐部文化背后所体现的价值观可以激发学生对足球更深层次的理解和热爱。

(二)情境教学与角色扮演

情境教学是培养人文精神的有效方法之一。教师可以创设各种足球情境,让学生在情境中体验和学习。例如在训练中模拟比赛中出现的冲突场景,如对手的恶意犯规或裁判的误判,让学生思考如何正确处理。通过角色扮演,让学生分别扮演不同的角色,如球员、教练、裁判等,体验每个角色的责任和情感,从而更好地理解和尊重他人。在这种情境教学和角色扮演中,教师要引导学生思考如何在保持人文精神的前提下解决问题,培养他们在复杂情况下做出正确选择的能力。

(三)组织人文主题活动

高校足球教学可以结合人文主题开展一系列活动。比如组织足球文化节,其中设置人文精神相关的板块,如"足球与友谊"摄影展,鼓励学生用镜头捕捉足球场上体现友谊和尊重的瞬间;举办"我心中的足球精神"征文比赛,让学生阐述自己对足球所蕴含的人文精神的理解;开展"足球慈善赛",将比赛与公益活动相结合,培养学生的社会责任感,让他们明白足球不仅可以带来快乐,还可以为社会做出贡献。这些活动能够让学生在轻松愉快的氛围中深入体会人文精神的内涵。

四、人文精神培养的评价体系

(一)评价指标的构建

构建全面的评价指标是衡量足球教学中人文精神培养效果的关键。一是尊重行为评价,观察学生在足球训练和比赛中对他人的尊重表现,包括语言、态度和行为。例如:是否有辱骂队友、对手、教练或裁判的情况,是否能够主动与对手握手致意,等等。二是团队协作评价,通过观察学生在团队训练和比赛中的配合情况,如传球次数、跑位合理性、为队友创造机会的能力等,来评价学生的团队合作精神。三是责任感评价,看学生在足球活动中是否认真履行自己的职责,如按时参加训练、在比赛中积极防守或进攻、主动承担团队任务等。四是对足球文化的理解和参与人文主题活动的积极性,通过学生在足球文化知识测试中的成绩、在人文主题活动中的表现来评价。

(二)评价方式的多样性

采用多种评价方式相结合。教师评价是重要的一部分,教师在日常教学、训练和比赛中观察学生的行为表现,进行客观评价。同时,引入学生自评和互评。学生自评可以让他们对自己在人文精神培养方面的表现进行反思,发现自己的优点和不足。互评则可以促进学生之间的相互学习和监督,培养他们的观察和评价能力。

第二节 高校分级教学模式下足球教练员的培养

一、分级教学模式对足球教练员的新要求

在高校足球分级教学模式下,足球教练员面临着一系列新的要求。这种教学模式根据学生的足球水平、身体素质、学习能力等因素将学生分为不同层次进行教学,这就要求教练员具备更强的因材施教能力。对于初级水平的学生,教练员需要有足够的耐心和细心,从最基本的足球知识和技能开始传授,采用简单易懂的教学方法,激发学生对足球的兴趣。而对于中高级水平的学生,教练员则要能够提供更具挑战性和专业性的指导,深入分析足球战术,提升学生的实战能力。

同时,教练员需要有敏锐的观察力和准确的评估能力。在分级教学中,要能够快速准确地判断每个学生的足球水平和潜力,以便合理地调整教学内容和训练计划。

二、足球教练员专业知识与技能的提升

(一)足球专业知识的深化

在分级教学模式下,足球教练员需要不断深化自己的专业知识。首

先，要对足球技术有更深入的理解和掌握，包括各种技术动作的细节、变化形式以及在不同场景下的应用。例如对于传球技术，不仅要知道基本的传球方法，还要了解如何在高速对抗、不同距离和角度等情况下选择最合适的传球方式。在足球战术方面，要精通多种战术体系，从简单的局部战术到复杂的整体战术，了解其原理、变化和适用情况。同时，要关注足球运动的最新发展趋势，如新的训练方法、比赛规则的变化等，将这些知识融入教学中，使学生能够跟上足球发展的步伐。

(二)教学技能的优化

教练员的教学技能在分级教学中至关重要。一是要掌握多样化的教学方法，根据不同层次学生的特点灵活运用。对于初级学生，可以采用直观教学法，通过大量的示范和模仿练习让学生掌握基本技术；对于高级学生，可以更多地运用启发式教学法，引导他们自主思考和创新战术。二是要提高训练设计能力，为不同层次的学生设计有针对性的训练内容。例如，针对初级学生的训练要注重趣味性和基础性，如设计足球游戏来提高他们的控球能力；针对高级学生的训练则要注重实战性和高强度，如模拟高水平比赛场景进行战术演练。

三、足球教练员培养的途径与方法

(一)专业培训与进修

高校应为足球教练员提供丰富的专业培训与进修机会。可以与国内外知名的足球培训机构或足球学院合作，定期组织教练员参加培训课程。这些培训课程可以涵盖足球专业知识的更新、先进教学方法的学习、教育心理学在足球教学中的应用等内容。同时，鼓励教练员参加在线学习平台的课程，拓宽学习渠道，方便他们根据自己的时间安排进行学习。此外，还可以选派优秀的教练员到国外足球强国进行进修学习，实地考察当地的足球教学和训练模式，带回先进的经验和理念。

(二)实践与反思

实践是足球教练员成长的重要途径。在日常的足球分级教学中，教练员要积极尝试新的教学方法和训练计划,在实践中检验其有效性。每次教学和训练结束后,要进行深入的反思。反思内容包括教学目标是否完成、教学方法是否合适、学生的反应如何、训练计划是否需要调整等。例如如果发现某一层次的学生在某项技术训练中进展缓慢,教练员要分析是教学方法问题还是训练强度问题,然后及时调整。通过不断地实践和反思,教练员可以逐步提高自己的教学水平和训练能力。

(三)团队协作与交流

建立足球教练员团队协作与交流机制对于提高教练员水平具有重要意义。在高校内,不同层次教学的教练员可以组成团队,定期开展研讨活动。在研讨会上,教练员们可以分享自己在教学过程中的经验和遇到的问题,共同探讨解决方案。

四、足球教练员培养的评价体系

(一)评价内容的多元化

对足球教练员的评价内容应多元化。一是教学效果评价,包括不同层次学生的足球技术、战术水平的提升情况。二是教学过程评价,观察教练员在教学过程中的教学方法运用是否合理、教学内容是否符合学生层次、训练计划是否科学等。例如看教练员是否根据学生的实际情况调整教学内容,是否能激发学生的学习兴趣。三是学生满意度评价,通过问卷调查、学生座谈会等方式了解学生对教练员教学的满意度,包括教学态度、沟通能力、指导效果等方面的评价。四是教练员自身的专业发展评价,看教练员是否积极参加培训和进修、是否在教学实践中有创新和改进等。

(二)评价方式的综合运用

采用综合的评价方式。可以通过教学观摩的方式,由专家和同行对教练员的教学过程进行现场观察和评价,提出改进建议。同时,结合学生成绩和表现数据的分析,客观评价教学效果。对于学生满意度评价,可以定期开展问卷调查和学生访谈,收集学生的意见和建议。在教练员自身专业发展评价方面,可以要求教练员提交培训心得、教学反思报告等资料,了解他们在专业发展方面的努力和成果。通过多种评价方式的综合运用,全面、客观地评价足球教练员在高校足球分级教学模式下的工作表现和能力水平。

第三节 高校足球教学中足球意识的培养

一、足球意识的内涵与在教学中的重要性

足球意识是运动员在足球比赛中对足球规律、场上形势、对手和队友特点等进行综合判断,并据此做出合理行动的一种能力。在高校足球教学中,足球意识的培养具有至关重要的地位。它是学生将足球技术和战术转化为实际比赛能力的关键环节。良好的足球意识能够让学生在比赛中更好地理解战术意图,更迅速地做出正确的决策,提高比赛中的表现。

从更深层次来看,足球意识反映了学生对足球运动的理解和感悟。它不仅包括对比赛局势的判断,还涉及对足球文化、足球精神的领会。在教学中培养足球意识,可以让学生更加深入地参与到足球运动中,使足球不仅仅是一种身体活动,更是一种智慧和精神的体现。同时,足球意识的培养有助于提高学生的综合素质,如观察能力、分析能力、应变能力等,这些能力在学生的学习和生活中也有着广泛的应用。

二、足球意识培养的目标层次

(一)基础意识培养

基础足球意识的培养是足球教学的重要起点。这包括对球的控制意识、空间意识和基本的进攻与防守意识。在控球意识方面,要让学生明白如何在不同情况下保持对球的控制,如在面对对手逼抢时,通过合理的身体动作和传球选择来保护球权。空间意识的培养则是让学生学会观察场上的空间,包括自己与队友、对手之间的距离和空当。例如:在进攻时,要能够发现对手防线的漏洞,利用空间创造进攻机会;在防守时,要注意保持合适的防守间距,不给对手可乘之机。基本的进攻意识是让学生知道

如何展开进攻,如积极跑位、寻求与队友的配合等;防守意识则是让学生明白如何有效地阻止对手进攻,如及时回防、协防等。

(二)战术意识培养

随着学生足球水平的提高,战术意识的培养成为重点。这包括局部战术意识和整体战术意识。局部战术意识是指学生在局部区域内与队友配合的意识,如在边锋与边后卫的配合中,边锋要知道何时内切、何时下底传中,边后卫要清楚何时套边、何时进行防守保护。通过训练,让学生在局部区域内形成默契的配合。整体战术意识则是让学生从球队的整体角度理解战术,如球队采用的是进攻型战术还是防守型战术,在不同的战术体系下自己的角色和职责是什么。

(三)比赛意识培养

比赛意识是足球意识培养的高级阶段。它要求学生能够在复杂多变的比赛环境中迅速做出正确的决策。这包括对比赛节奏的把握、对对手战术变化的应对以及在关键时刻的决策能力。在比赛节奏方面,学生要学会根据比分、比赛剩余时间等因素调整比赛节奏。

三、足球意识培养的教学策略

(一)理论讲解与案例分析

在足球教学中,通过理论讲解向学生传授足球意识的概念和重要性。教师要详细阐述不同类型足球意识的内涵和表现形式,让学生有一个清晰的认识。同时,结合大量的足球比赛案例进行分析。

(二)专项训练与模拟比赛

设计专项训练来培养足球意识。在控球训练中,可以设置不同的干扰因素,如增加防守球员的人数或设置狭小的活动空间,让学生在复杂情况下增强控球意识。在空间意识训练方面,可以通过设置障碍物和不同位置的目标,让学生在带球和传球过程中学会观察和利用空间。同时,大量开展模拟比赛训练。在模拟比赛中,教师可以设置不同的场景和任务,如模拟比分落后、对手改变战术等情况,让学生在接近真实比赛的环境中锻炼足球意识。在训练过程中,教师要及时给予指导和反馈,帮助学生不断提高。

(三)启发式教学与问题引导

采用启发式教学方法,在足球教学中通过问题引导学生思考足球意识相关的问题。例如在战术训练中,教师可以问学生:"当我们在这个区域进攻时,对方防守球员的位置和特点对我们有什么影响?我们应该如何选择进攻路线?"通过这种问题引导,激发学生的思维,让他们主动去分析场上形势,培养足球意识。同时,鼓励学生在训练和比赛后进行自我反思和小组讨论,如"在刚才的比赛中,我们在进攻时哪些地方没有利用好空间?"通过这种反思和讨论,让学生不断总结经验教训,进一步深化对足球意识的理解和运用。

四、足球意识培养的评价方法

(一)观察评价

教师在日常足球教学、训练和比赛中对学生的足球意识表现进行观察评价。观察内容包括学生在控球、跑位、传球、防守等动作中的意识体现。例如:观察学生在控球时是否能根据周围对手和队友的情况合理选择动作,在跑位时是否能主动寻找有威胁的空间,传球时是否能准确地将球传给处于有利位置的队友,防守时是否能预判对手的传球路线并及时作出拦截动作,等等。教师可以根据观察结果对学生的足球意识水平进行定性评价,如优秀、良好、一般、较差等,并记录学生在不同阶段的表现变化,以便及时调整教学策略。

(二)技术与战术数据分析评价

通过对学生在足球技术和战术运用方面的数据进行分析来评价足球意识。在技术数据方面,可以收集学生的传球成功率、控球率、射门准确率等数据。传球成功率高可能意味着学生在传球时有较好的观察和判断能力,能选择合适的传球时机和对象;控球率高可能反映出学生在面对对手逼抢时具有较强的控球意识。在战术数据方面,可以分析学生在比赛中的跑位距离、有效进攻次数、防守成功次数等。有效进攻次数多可能表明学生有较好的进攻意识,能积极参与到球队的进攻战术中;防守成功次数多则可能说明学生防守意识到位,能准确地执行防守任务。通过这些数据的量化分析,可以更客观地评价学生足球意识的发展水平。

(三)情境测试评价

设计特定的足球情境测试来评价学生的足球意识。例如在训练场上设置一些模拟比赛中的场景,如二打一、三打二的进攻局面或局部区域的防守局面,观察学生在这些情境下的反应和决策。可以为每个情境设定相应的评价标准,如在二打一的进攻情境中,学生是否能迅速做出传球或过人的决策,选择的动作是否合理有效;在防守情境中,学生是否能及时补位、协防,是否能成功阻止对手的进攻。情境测试可以更有针对性地考查学生在特定情况下的足球意识,并且可以多次进行,对比学生在不同阶段的测试结果,评估教学对足球意识培养的效果。

(四)学生自评与互评

鼓励学生进行自评和互评,促进他们对足球意识的自我反思和相互学习。在自评过程中,学生可以根据自己在训练和比赛中的表现,对自己的足球意识水平进行评价,分析自己在哪些方面做得好,哪些方面还需要改进。教师可以引导学生进行有效的自评和互评,确保评价过程客观、公正,并将学生的评价结果纳入整体评价体系中,作为参考依据之一。

这样通过多种评价方法的综合运用,可以全面、准确地评估高校足球教学中足球意识培养的效果,为进一步优化教学提供有力支持,促进学生足球意识的不断提升和足球水平的全面发展。同时,根据评价结果,教师可以针对不同学生的特点制订个性化的教学计划,更有针对性地培养学生的足球意识,使每个学生都能在足球学习中不断进步。

五、足球意识培养与现代科技的融合

(一)虚拟现实(VR)和增强现实(AR)技术的应用

在高校足球教学中,虚拟现实(VR)和增强现实(AR)技术为足球意识的培养提供了创新途径。通过 VR 技术,可创建高度逼真的足球比赛场景。学生戴上 VR 设备后,仿佛置身于真实的赛场,面对各种复杂的局面。学生需要在这种特殊环境下做出决策,这能极大地增强他们对比赛环境变化的适应意识。同时,利用 VR 可以模拟不同风格对手的战术特点,让学生在虚拟环境中与各种类型的对手交锋,增强他们对不同战术的应对意识。

增强现实(AR)技术则可以将虚拟的足球元素叠加到现实训练场上。比如在训练过程中,通过 AR 设备为学生呈现出虚拟的对手跑位路线和传球意图,使他们在实际训练中更好地理解和预判场上形势,培养战术意识。教师还可以利用 AR 技术设置一些隐藏的训练目标或提示,引导学生在训练中发现并利用空间,进一步强化空间意识和进攻意识。

(二)运动追踪与数据分析系统的助力

现代运动追踪与数据分析系统在足球意识培养中发挥着关键作用。这些系统可以精确地追踪学生在训练和比赛中的运动轨迹、速度、加速度等数据。例如通过在足球鞋或训练服上安装微型传感器,收集学生在带球、传球、跑位等动作中的详细数据。利用这些数据,教师可以深入分析学生的运动模式,判断他们在足球意识方面的表现。

对于足球意识中的空间意识培养,数据分析系统可以绘制出学生在场上的活动热区图,清晰地显示学生对不同区域的利用情况。如果发现学生在某些关键区域的活动频率较低,教师可以有针对性地设计训练内容,引导学生更好地利用空间。在战术意识培养方面,通过分析球员之间的距离变化、传球线路选择等数据,了解学生在战术执行过程中的意识水平,及时发现问题并调整教学策略,帮助学生优化战术意识。

(三)智能训练设备的创新应用

智能足球、智能训练桩等新型训练设备为足球意识培养带来了新的机遇。智能足球内置传感器,可以实时反馈足球的飞行速度、旋转方向、落点等信息。在传球训练中,学生可以根据这些反馈数据调整传球力度和角度,更好地掌握传球技术,同时也能增强对传球目标的选择意识。例如当学生尝试长传时,智能足球的数据能让他们直观地了解传球是否准确地找到了目标队友,以及如何根据队友的跑位调整下一次传球。

智能训练桩可以通过灯光、声音等提示方式,引导学生进行带球、过人等训练。训练桩可以根据预设的程序模拟对手的防守动作,要求学生在动态环境中做出反应,培养学生在面对防守压力时的控球意识和突破意识。而且,这些智能训练设备可以与手机应用或电脑软件相连,教师可以远程监控学生的训练情况,为每个学生制订个性化的训练计划,提高足球意识培养的效率。

六、足球意识培养与校园足球文化建设的协同发展

(一)足球意识培养在校园足球文化中的体现

校园足球文化是一个包含足球物质文化、精神文化和制度文化的综合体系,足球意识培养与校园足球文化建设紧密相连。在物质文化层面,足球意识培养体现在校园足球场地的规划和足球设施的使用上。例如合理设计的足球场地可以引导学生更好地理解空间利用,不同类型的训练设施可以有针对性地培养学生在特定技术和战术方面的意识。

在精神文化方面,足球意识培养是传承和弘扬足球精神的重要途径。足球意识中的团队协作、拼搏精神等元素与校园足球文化所倡导的价值观相契合。当学生在培养足球意识的过程中,深刻理解和践行这些精神,校园足球文化的内涵也得到了丰富和发展。同时,在制度文化层面,校园足球的比赛规则、训练制度等都与足球意识培养相互影响。完善的比赛规则促使学生养成遵守规则的意识,科学的训练制度则为足球意识培养提供了有力的保障。

(二)校园足球文化对足球意识培养的促进作用

校园足球文化为足球意识培养营造了浓厚的氛围。丰富多样的足球文化活动,如足球文化节、足球知识讲座、足球明星进校园等,能够激发学生对足球的热爱和兴趣,从而更加积极主动地参与到足球意识培养的过程中。足球文化节中的各种比赛、技巧展示和文化展览,让学生在轻松愉快的氛围中感受足球的魅力,加深对足球意识的理解。

足球知识讲座可以邀请足球专家、学者或退役球星为学生讲解足球的历史、战术演变和现代足球发展趋势,拓宽学生的视野,使他们从更宏观的角度理解足球意识的重要性。足球明星进校园活动则为学生树立了榜样,明星们在比赛中展现出的高超足球意识可以成为学生学习和模仿的对象,激励他们努力提高自己的足球意识水平。

此外,校园足球文化中的团队建设活动和竞争机制也对足球意识培养有着积极的影响。通过团队建设活动,如足球社团组织的户外拓展、团队游戏等,增强学生之间的信任和默契,培养团队协作意识。而竞争机制下的校内足球联赛、班级足球赛等比赛形式,为学生提供了实践足球意识的平台,让他们在真实的比赛环境中锻炼和提升自己的足球意识。

七、不同类型高校足球意识培养的特色化路径

(一)综合类高校

1. 特点与需求分析

综合类高校学科门类丰富,学生的思维方式和兴趣爱好具有多样性。在足球意识培养方面,学生可能更倾向于将足球与其他学科知识相结合。他们对足球文化的理解可能更加多元化,希望从不同的角度去挖掘足球的内涵。同时,综合类高校丰富的学术资源可以为足球意识培养提供理论支持。

2. 特色化培养路径

利用学校的跨学科优势,开设足球与其他学科交叉的课程或讲座。例如:足球与心理学的结合,探讨足球运动员在比赛中的心理状态对足球意识的影响;足球与物理学的结合,分析足球运动轨迹、旋转等物理原理与传球、射门技术和意识的关系。鼓励学生开展足球相关的研究项目,从学术研究的角度深入理解足球意识。在足球活动组织方面,可以举办融合多种文化元素的足球赛事,让不同国家和地区的学生展示各自独特的足球文化和意识特点,促进足球意识的交流与融合。

(二)理工类高校

1. 特点与需求分析

理工类高校学生逻辑思维能力强,对数据和技术应用有较高的敏感度。他们在足球意识培养过程中,可能更注重通过科学的方法来分析和增强足球意识。同时,理工类高校在科技研发方面的优势可以为足球意识培养提供先进的技术手段。

2. 特色化培养路径

引入科技手段辅助足球意识培养,如利用计算机模拟软件分析足球比赛战术,通过建立数学模型来优化球员跑位和传球选择。开展科技与足球相结合的实践活动,如智能足球装备设计大赛,让学生在设计过程中深入了解足球运动的特点和足球意识的需求。在足球教学中,强调逻辑分析在足球意识中的应用,例如教导学生如何运用逻辑推理来判断对手的战术意图和场上形势变化,培养学生基于数据和逻辑分析的足球意识。

(三)师范类高校

1. 特点与需求分析

师范类高校以培养教育人才为主要目标,学生在足球意识培养过程中,更注重将足球意识与教育教学相结合。他们需要掌握如何将足球意识传授给未来的学生,同时,师范类高校良好的教育实践平台可以为足球意识培养提供实践机会。

2. 特色化培养路径

在足球课程中增加足球教育教学法的内容,让学生学习如何通过教学设计和教学方法来培养中小学生的足球意识。组织学生到中小学进行足球教学实习,将在高校所学的足球意识培养方法应用到实际教学中,并在实践中不断总结和改进。开展足球意识培养的教育研究项目,探索适合不同年龄段学生的足球意识培养模式,为未来的教育工作积累经验。同时,在校园足球活动中,可以组织师范类高校学生与中小学足球校队进行交流比赛,通过与青少年球员的互动,更好地理解和优化足球意识培养的路径。

(四)艺术类高校

1.特点与需求分析

艺术类高校学生具有较强的创造力和表现力,他们对足球意识的理解可能更侧重于足球的艺术美感和创造性。在足球活动中,他们希望展现出独特的风格和魅力,将艺术元素融入足球运动。

2.特色化培养路径

在足球教学中融入艺术元素,如将舞蹈、音乐与足球训练相结合,培养学生在足球场上的节奏感和表现力,进而提升足球意识中的创造性。鼓励学生进行足球艺术创作,如足球主题的绘画、雕塑、表演等,通过艺术创作过程加深对足球文化和足球意识的理解。举办具有艺术特色的足球赛事,如足球创意表演赛,要求参赛队伍在比赛中融入舞蹈、音乐、戏剧等艺术形式,展示独特的足球意识和风格,激发学生对足球意识中创造性元素的追求。

第四节 高校学生足球裁判员培养

在高校体育教学中,对足球裁判员的培养要高度重视,以提高足球裁判员的培养质量,为高水平的足球赛事提供高素质的裁判人才。

高校体育教学中,足球是重要的教学内容。一些高校在开设足球教学课时较为注重对足球裁判员的培养。但是,由于学生足球裁判员的裁判能力不足,不具备足球裁判员应该具备的职业素养,这对高校足球赛事的发展极为不利。为了提高学生足球裁判员的裁判水平,应注重培养学生的裁判执行能力,这对高校足球赛事的发展将起到重要的推动作用。

一、高校学生足球裁判员存在的问题

(一)临场观察中没有选择恰当的位置

足球赛场是动态且复杂的,裁判员要不断调整自己的位置以准确观察临场情况。如果跑动的路线不对,没有选择合适的位置,就难以从宏观

的角度对足球赛场进行观察,当然在判罚中也容易有失公允。如果学生足球裁判员没有选择恰当的位置,甚至会对足球运动员的行动造成阻碍,对足球比赛的顺利进行造成不良影响。

(二)判罚缺乏准确性

学生足球裁判员在足球赛场上的判罚往往缺乏准确性。比如裁判员在使用红牌和黄牌的时候,可能会因混淆而出现误判。对于足球运动员的越位判罚以及手球的判罚等,如果对规则掌握不准确,就会致使判罚缺乏准确性。在足球赛场上,容易出现错误判罚的情况之一是任意球判罚,无论是直接任意球,还是间接任意球,都可能存在错误判罚的现象。

(三)在裁判中存在漏判的问题

学生足球裁判员在足球赛场上对犯规现象常常会犹豫不决,如果判罚不够及时,就会错过判罚时机,导致漏判的问题产生。

(四)手势错误

学生足球裁判员在间接任意球的手势上往往会存在错误,让人难以明白裁判员的判罚意图,从而无法准确判断。

二、高校学生足球裁判员培养体系的构建

首先,明确足球竞赛规则。构建高校学生足球裁判员培养体系,要将足球竞赛规则纳入其中,使得学生足球裁判员按照规则执行判罚。足球竞赛规则就是足球运动原则,学生在按照规则执行判罚的过程中,要基于竞赛规则进行判罚,以实现对足球比赛的准确把握。作为裁判员,需要做到按照规则判罚,以竞赛规则作为判罚的重要依据。无论是何种水平的裁判员,都要认真学习足球规则,并认真分析足球判例。在学习足球竞赛规则具体问题的过程中,要做到具体问题具体分析,这也是衡量裁判员裁判水平的重要标准。

其次,应重视学生足球裁判员综合素质的培养。在高校学生足球裁判员培养体系中,综合素质的培养是重要的内容。学生足球裁判员只有

具备足球裁判的综合素质,才能够在足球比赛中发挥重要作用。对学生足球裁判员的培养应当注重以下两个方面的内容。

第一,学生足球裁判员应心理素质良好,能够在足球赛场上沉着、冷静,正常地发挥裁判水平。特别是在足球赛场出现异常状态时,学生足球裁判员要能够正确反应,以做出正确判罚。所以,提高足球裁判员的心理素质非常重要。

第二,注重学生足球裁判员身体素质的培养。裁判员要想正确执法,就需要拥有充沛的精力,良好的身体素质至关重要。在足球比赛中,裁判员要积极跑动、灵活移动,准确选择位置,以便快速判断足球赛场情况。培养学生裁判员的体能,重点在于培养他们的冲刺能力和耐力。

第七章　高校足球教学实践应用创新研究

第一节　足球游戏在高校足球教学中的应用

一、足球游戏在高校足球教学中的价值与意义

在高校足球教学中引入足球游戏具有多方面的重要价值。首先,足球游戏能够极大地激发学生对足球的兴趣。传统的足球教学可能会因重复的技术练习和理论讲解而略显枯燥,而足球游戏以其趣味性和娱乐性吸引学生积极参与。一些具有竞赛性质的足球游戏可以唤起学生的竞争意识,让他们在轻松愉快的氛围中享受足球带来的快乐,从而提高对足球课程的期待和投入度。

其次,足球游戏有助于提高学生的足球技能。通过多样化的游戏设计,学生可以在不知不觉中反复练习足球技术动作。比如在传球接力游戏中,学生为了赢得比赛,会不断地准确传球,这就强化了他们的传球能力。而且,游戏中的场景更加贴近实际比赛,学生在游戏过程中需要快速做出决策,这对于他们在复杂情况下运用足球技术的能力有很好的锻炼作用,使他们的技能水平得到更全面的提升。

再者,足球游戏对培养学生的团队协作精神和社交能力有着积极作用。许多足球游戏需要学生分组合作完成,在这个过程中,他们必须学会与队友沟通、协调,共同制定策略。这种团队协作的体验不仅在足球领域有价值,还能延伸到学生的日常生活和未来的工作中,帮助他们更好地与他人相处和合作。

二、足球游戏的设计原则

(一)趣味性与教育性相结合原则

足球游戏的设计首先要确保趣味性,这是吸引学生参与的关键。游戏的形式、规则和情境设置都应该充满乐趣,让学生在游戏过程中感受到快乐。然而,仅仅有娱乐性是不够的,还必须将教育性融入其中。每个游戏都应该有明确的教学目标,无论是提高足球技术、培养战术意识还是增强身体素质,都要与足球教学内容紧密相连。

(二)安全性原则

安全是足球游戏设计必须考虑的重要因素。在游戏过程中,要避免学生因剧烈运动或不当操作而受伤。游戏的场地选择要平整、无杂物,足球的充气程度要适中,避免因球过硬或过软导致意外。对于一些可能存在身体碰撞的游戏,要明确规定动作幅度和保护措施。比如在设计"夺球大战"游戏时,要强调不能使用危险的铲球动作,同时在场地周围设置防护垫等安全设施,确保学生在安全的环境中进行游戏。

(三)渐进性原则

足球游戏的设计要遵循渐进性原则,根据学生的足球水平和学习阶段逐步增加游戏的难度。对于初学者,可以设计一些简单的、以熟悉足球和基本动作为主的游戏,如"脚内侧传球接龙",让学生在轻松的氛围中掌握基本技术。随着学生技术和理解能力的提高,逐渐引入更复杂的游戏,涉及更多的技术组合和战术元素。例如当学生对传球和跑位有了一定基础后,可以开展"多人传球跑位接力赛",要求学生在传球的同时进行合理跑位,提高他们的战术配合能力和在动态环境下的技术运用能力。

(四)多样性原则

为了保持学生的新鲜感和参与度,足球游戏应具有多样性。可以从游戏形式、内容和规则等方面体现多样性。从形式上,可以有个人挑战类游戏、小组对抗类游戏、团队协作类游戏等。内容方面,涵盖足球技术、战术、体能等不同维度。

三、基于不同教学目标的足球游戏类型

(一)足球技术训练类游戏

1. 控球技术游戏

"花样控球挑战"是一个有趣的控球技术训练游戏。在一定区域内设置多个小目标,如彩色圆盘或小型障碍物,学生需要用各种控球技巧(如脚底拉球、内外侧扣球等)绕过这些目标。游戏过程中,学生要保持对球的控制,尽量减少失误。这个游戏可以提高学生的控球精度和灵活性,同时激发他们尝试新的控球方法。

2. 传球技术游戏

"三角传球接力赛"是针对传球技术设计的游戏。将学生分成若干小组,每组三人站成一个等边三角形。游戏开始后,学生依次传球,要求传球准确、快速,完成规定次数的传球后,小组之间进行比赛,看哪个小组用时最短且传球失误最少。这种游戏可以有效锻炼学生的传球准确性和团队配合意识,让他们在比赛氛围中不断提高传球技术。

3. 射门技术游戏

"射门九宫格"是一种锻炼射门技术的游戏。在球门内划分出九个不同分值的区域,学生在距离球门一定位置处轮流射门,根据射中区域的分值计分。这个游戏可以让学生在游戏中练习射门的准确性和力量控制,同时增加了射门练习的趣味性,学生会为了获得更高的分数而不断调整射门技术。

(二)足球战术意识培养类游戏

1. 局部战术游戏

"二过一战术演练游戏"是培养局部战术意识的有效游戏。在一个较小的场地内,设置防守队员和进攻队员,进攻队员需要通过二过一配合突破防守。这个游戏可以让学生深刻理解二过一战术的原理和实际操作方法,提高他们在局部区域内创造进攻机会的能力,同时也能让防守队员学

会如何应对这种常见的进攻战术。

2. 整体战术游戏

"模拟比赛战术决策游戏"是一种针对整体战术意识培养的游戏。教师通过播放一段足球比赛视频,在关键节点暂停,让学生分组讨论并制定战术决策,如球队在防守反击、阵地进攻等不同情况下的战术安排。然后,各小组分享自己的决策,教师进行分析和讲解。这种游戏可以让学生从整体上理解足球战术,培养他们在比赛中的战术思维和决策能力。

(三)身体素质提升类游戏

1. 速度与敏捷性游戏

"足球冲刺接力赛"是一个锻炼速度的游戏。将学生分成若干小组,每组学生在规定的起跑点和终点之间进行冲刺接力,途中需要绕过设置的足球障碍物。这个游戏可以有效提高学生的冲刺速度和在高速奔跑中控制身体平衡的能力。同时,"敏捷足球九宫格"游戏可以提升学生的敏捷性,学生需要在一个九宫格场地内,根据教师的指令(如用特定的脚法将球踢到指定的格子)快速移动足球,这对学生的反应速度和身体协调性有很好的锻炼作用。

2. 力量与耐力游戏

"足球拔河比赛"是一种增强力量的游戏,两队学生通过绳子拉动中间的足球,哪队先将足球拉过自己的区域为胜。这个游戏可以锻炼学生的腿部力量、上肢力量和核心力量。"足球耐力挑战赛"则是针对耐力设计的游戏,学生需要在规定时间内持续进行足球相关的活动,如带球绕圈、传球等,中间可以适当设置一些休息点,但要保证一定的运动强度,以此来提高学生的足球耐力。

四、足球游戏在教学过程中的实施策略

(一)游戏准备阶段

1. 讲解游戏规则

在开展足球游戏之前,教师要清晰、详细地向学生讲解游戏规则。可

以通过示范、举例等方式让学生理解游戏的玩法、得分规则、违规行为等。例如在讲解"三角传球接力赛"时,教师亲自示范传球的顺序、方向和要求,同时说明如果传球失误或违反规则(如用手触球)会受到的惩罚,确保学生在游戏开始前对规则有明确的认识。

2. 分组与热身

合理分组是游戏顺利进行的重要环节。教师可以根据学生的足球水平、性别、性格等因素进行分组,尽量保证每个小组的实力相对均衡,以增加游戏的公平性和竞争性。分组完成后,要带领学生进行充分的热身活动,包括慢跑、关节活动、足球专项热身(如带球慢跑、短距离传球等),预防在游戏过程中出现运动损伤。

(二)游戏进行阶段

1. 引导与监督

在游戏进行过程中,教师要积极引导学生参与游戏,鼓励他们发挥自己的能力。同时,要密切监督游戏的进展,确保学生遵守游戏规则,维持良好的游戏秩序。如果发现学生在游戏中有危险动作或违规行为,要及时制止并进行纠正。

2. 调整游戏难度

根据学生的表现和游戏的实际情况,教师可以适时调整游戏的难度。如果游戏过于简单,学生容易失去兴趣,教师可以增加一些限制条件或提高要求;如果游戏难度过大,导致大部分学生无法完成或参与度不高,教师要适当简化游戏内容。

(三)游戏结束阶段

1. 总结与评价

游戏结束后,教师要及时对游戏进行总结和评价。可以从学生的技术表现、团队协作、遵守规则等方面进行评价,肯定学生的优点,指出存在的问题和改进方向。

2. 放松与拓展

带领学生进行放松活动,如深呼吸、拉伸等,缓解身体疲劳。此外,可以引导学生对游戏进行拓展思考,鼓励他们提出新的游戏想法或改进建议。

五、足球游戏在高校足球教学中的效果评估

(一)学生参与度评估

1. 参与人数与频率

通过统计每次足球游戏课程的参与人数以及学生参与足球游戏的频率来评估学生的参与度。如果参与人数接近全班人数,且学生在整个学期或学年内积极参与足球游戏课程,说明足球游戏在吸引学生参与足球教学方面取得了良好的效果。

2. 学生反馈

收集学生对足球游戏的反馈意见也是评估参与度的重要途径。可以通过问卷调查、学生座谈会等方式了解学生对足球游戏的喜爱程度、是否认为游戏有趣且有价值等。如果学生普遍对足球游戏持积极态度,期待更多的游戏环节,那么说明足球游戏在提高学生参与度方面发挥了积极作用。

(二)足球技能提升评估

1. 技术测试成绩

在足球教学过程中,定期对学生的足球技术进行测试,如传球准确性测试、射门成功率测试、控球时间测试等。对比引入足球游戏前后学生的技术测试成绩,如果学生在各项技术指标上有显著提升,说明足球游戏对足球技能的提高有积极影响。

2. 比赛中的表现

观察学生在足球比赛中的表现也是评估足球技能提升的重要方法。注意学生在比赛中运用足球技术的熟练程度、合理性以及在复杂情况下的应对能力。如果学生在比赛中能够更自如地运用所学技术,如传球更加精准、控球更加稳定、射门更有威胁,那么说明足球游戏在提升学生足球技能方面取得了成效。

(三)团队协作与社交能力评估

1.团队合作指标

通过观察学生在足球游戏和比赛中的团队合作情况来评估。可以从沟通频率、配合默契度、为队友创造机会的能力等方面进行衡量。例如在"多人传球跑位接力赛"等游戏中,观察学生是否积极与队友沟通,传球和跑位是否协调一致,是否能根据队友的特点创造有利的进攻机会。如果学生在这些方面表现良好,说明足球游戏对团队协作能力的培养有积极作用。

2.社交互动情况

评估学生在足球游戏过程中的社交互动情况,包括与不同性格、不同水平同学的相处情况。观察学生在游戏中是否能够尊重他人、互相帮助、积极交流。如果足球游戏促进了学生之间的良好社交关系,提高了他们的社交能力,那么在校园生活中也能看到学生之间更加和谐、积极向上的氛围。

(四)学习兴趣与态度评估

1.兴趣变化

通过观察学生在足球课堂上的表情、投入程度以及对足球课程的期待值来评估他们的学习兴趣变化。如果学生在足球游戏过程中表现出兴奋、积极的状态,并且对后续的足球课程充满期待,那么说明足球游戏成功地激发了学生的学习兴趣。

2.学习态度改善

观察学生在足球教学中的学习态度,如是否更加主动地参与练习、是否愿意接受挑战、是否对自己的足球表现有更高的要求等。如果足球游戏促使学生的学习态度向积极的方向转变,那么说明足球游戏在培养学生良好学习态度方面有积极意义。

第二节　五人制足球运动在高校足球教学中的应用

相较于传统的十一人制足球运动,五人制足球运动更具趣味性和灵活性。也正因如此,五人制足球运动在我国的发展非常迅速,不但有了专门的五人制足球赛事,而且还逐步进入学校体育教学当中。

一、五人制足球运动在高校足球教学中应用的必要性

结合五人制足球运动的特点和当前高校足球教学的实际,五人制足球运动在高校足球教学中应用的必要性,主要可以概括为三个方面。

首先,五人制足球运动是十一人制足球运动的基础,应用五人制足球运动有助于促进高校足球教学质量的提升。在巴西、西班牙、阿根廷等足球运动强国,很多球员都是从儿童时期就开始接触和参与五人制足球运动,这是因为五人制足球运动具有组织灵活、规则简明、易于开展等特点,在五人制足球运动中,参与者不受越位规则的限制,可以更加灵活地跑位。因此,在参与五人制足球运动的过程中,学生的技术运用会更加灵活多样,不但能够增加各种技术的运用频率,还有助于培养学生的创造性思维,为学生未来练习和参与十一人制足球奠定良好基础。所以说,五人制足球运动是十一人制足球运动的基础,若在高校足球教学中合理地运用五人制足球运动,能够有效促进高校足球教学质量的提升。

其次,五人制足球运动的趣味性更高,有助于培养学生的足球运动兴趣。五人制足球运动独具特色的运动规则,使得学生在参与过程中触球次数多、射门机会多,相应的进球次数也多。而上述特点无疑大大增强了足球运动的趣味性。尤其是对足球运动基础较差的学生而言,增加其触球次数和射门机会,对激发和培养其足球运动兴趣有着至关重要的影响。

最后,五人制足球运动攻防转换快,有助于学生体能素质的锻炼。相较于十一人制足球运动而言,五人制足球运动攻防转换的节奏极快,学生在参与过程中几乎全场都处于不停歇的跑动状态。五人制足球运动的这

一特点,对学生的体能锻炼非常有帮助,通过参与五人制足球运动,学生的体能素质在不知不觉中得到明显提升。因此,五人制足球运动在高校足球教学中的应用,还能够进一步促进学生体能素质的锻炼。

二、五人制足球运动在高校足球教学中应用的可行性

首先,参与门槛低,易于普及。相较于十一人制足球运动,五人制足球运动的参与门槛相对较低,不论学生的年龄、身高、体能状况如何,均可以参与五人制足球运动,享受足球运动带来乐趣。五人制足球运动的这一特点无疑为其在高校足球教学中的应用提供了极大便利。

其次,场地要求低,易于开展。五人制足球运动所需场地较小,不但可以在高校现有的十一人制足球运动场地上开展,也可以利用高校其他面积较小的体育运动场地进行,受场地制约的可能性较小。五人制足球运动的这一特点,为其在高校足球教学中的应用提供了可能性。

最后,安全性高,易于组织。由于五人制足球运动的场地较小,所以学生在参与过程中,即使整场都处于不停歇的跑动状态,也很难形成较大的冲击力。而足球运动中的多数运动损伤都与运动中的肢体冲撞有关。因此,五人制足球运动的这一特点极大地提高了学生参与过程中的安全性,使其在高校足球教学中的应用更具优势。

三、五人制足球运动在高校足球教学中应用的具体建议

通过上文分析可知,五人制足球运动在高校足球运动教学中的应用是非常必要的,同时也是切实可行的。然而,即使同时具备了在高校足球教学中应用的必要性和可行性,也并不意味着五人制足球运动在高校足球教学中的应用就"畅通无阻"了。实际上,当前我国部分高校和教育部门并没有意识到五人制足球运动的价值,对五人制足球运动在青少年学生群体中普及的重视力度明显不足,从而在一定程度上限制了五人制足球运动在高校足球教学中的应用。

针对这种情况,为了提高教育部门和高校对五人制足球运动的重视

程度，一方面可以考虑通过采用市场化手段运作五人制足球赛事的方式来打造五人制足球运动的品牌赛事，以逐步提高五人制足球运动的社会影响力，提升教育部门和高校对五人制足球运动的关注度；另一方面，还要注意加深教师和学生对五人制足球运动价值的认识，并在此基础上，将五人制足球运动作为普及和推广校园足球的一种手段，引入校园足球活动以及学校体育之中，为五人制足球运动在高校足球教学中的应用创造条件。

第三节 高校足球教学中心理技能训练方法的应用

在所有的体育比赛中，心理状态都会影响比赛的进程和结果。因此，在比赛中，强大的心理素质是必不可少的。本节分析高校足球比赛中的心理现象，并讨论心理技能训练的方法、意义及作用。

一、高校足球比赛中的心理现象分析

运动员在赛前会出现的心理状态分为两种类型。第一种心理状态分别为紧张、淡漠、兴奋。紧张、淡漠会使运动员坐立不安、增加上厕所的欲望、灵敏度下降等，甚至会导致运动员发挥失常。然而，兴奋会使运动员的大脑处于亢奋状态，其肌肉活动协调性也会提高，这将增加运动员获胜的概率。第二种心理状态分别为等待反应、厌腻反应、对抗反应。这三种反应都有不同的表现。等待反应的表现是松懈、身心轻松，运动员的兴奋度不够，状态不佳在比赛的激烈角逐中可能会失败。厌腻反应的表现是比赛愿望不强烈，容易出现身体无力、易疲劳、头疼、口渴等症状。对抗反应表现为情绪抵触烦躁，对比赛各方面敏感逆反，行为上违背战术、消极怠工、动作变形，致失误增多，影响比赛与团队。

二、心理技能训练的方法

心理技能训练以具体的方法和手段来影响人的心理，对大脑进行专

门化训练,以此达到强化心理技能、培养特殊心理能力的目的。总的来说,心理技能训练是系统化、持续化地对精神或心理技能的练习。

要想培养学生的足球习惯和意识,首先应搜集有趣的教学方法,将最基本的理论知识传授给学生,使学生能对足球运动有更准确、更深入的了解。然后,在足球教学和学生学习过程中,让学生将传、接、射这三个最基本的动作熟练到极致,同时培养他们在攻击和防守体系中的跑位意识,并加强训练,使他们的身体形成自然的跑位反应。

(一)表象训练法

表象训练法又称念动法,顾名思义,就是运动员在头脑意念的指示下反复想象每一个动作,不停地加强记忆并完成准确的动作。这样可以唤醒肌肉记忆,找回在训练场上的感觉。通过表象练习,可以有效地提高学生学习足球的积极性,激发学习兴趣,降低紧张焦虑感,控制不良情绪。

(二)自我暗示法

自我暗示法就是通过动作语言、表情语言等方式对运动员的心理产生影响,调控运动员的情感、思绪等心理活动,由此控制其行为。自我暗示法有积极自我暗示法和消极自我暗示法两种。积极自我暗示法可以激励自己,促使自己为取得好成绩而奋斗;消极自我暗示法会对运动员造成不良影响,使他们感到自卑,进而影响比赛成绩。

(三)意志训练法

意志训练法能够帮助运动员克服重重困难,建立自信,实现已确立的目标。常见的意志训练方法包括鼓励法、诱导刺激法和施加压力法。对于身体素质较差的运动员,可以使用鼓励法。在赛前准备阶段,可对运动员进行素质训练、战术指导和实战演习,适当地给运动员施加一点压力,让他们有赛前心理准备,以提高他们的信心,增加完美发挥的概率。如果意志训练十分到位,那么运动员就会精神饱满,发挥稳定;反之则不然。

(四)模拟训练法

模拟训练法是一种实用的模拟练习方法,该方法会在赛前模拟正式比赛时可能出现的意外情况,让准备参加比赛的运动员做好防御性准备。它有两种方式:真实场景模拟和语言图像模拟。在真实场景模拟中模拟突发状况,可使训练的人快速找到应对方法。

三、心理技能训练的意义及作用

　　心理技能训练是竞技运动训练的重要组成部分,也是学校体育教育的基础内容之一。心理技能训练既能提升自我调整情绪的能力,又能增强毅力和品格;既能掌握和改进动作技术,又能消除心理和身体上的疲惫,加快恢复进程。

第四节　支架式教学模式在高校足球教学中的实践应用

　　足球教学能够提升高校学生的身体素质水平,使学生掌握足球运动技巧,促进我国高校学生综合素质的发展。传统的教学模式已经无法适应我国高校的足球教学目标,因此,本节主要基于支架式教学模式,讨论支架式教学模式的重要性概述和教学过程,重点讨论支架式教学模式在高校足球教学中的应用。

　　在高校足球教学中应用支架式教学模式,能够有效提升教学质量。但据调查,目前我国高校足球教学中并没有大范围应用支架式教学模式。在高校足球教学课堂中应用一定的教学方法和教学策略,将课堂教学与支架式教学相结合,能够推动我国高校足球教学向多样化发展。

一、支架式教学模式的重要性概述

　　人在受教育的过程中会形成心理技能,心理技能分为高级心理技能和低级心理技能两类。最近发展区理论指出,学生在受教育的过程中有两种发展水平,一种是现有的发展水平,另一种是在他人指导下达到的发展水平,这两种发展水平之间的差距就是最近发展区。最近发展区理论由心理学家维果茨基首次提出。支架式教学模式基于最近发展区理论,强调教师要在课堂教学中为学生提供有效的教学条件和平台,引导学生开展知识学习,并通过课堂学习掌握和理解新知识。支架式教学模式的核心在于支架的构建。例如在语文课堂教学中,教师可以通过阐释不同词语的含义,让学生在了解词语的基础上完成对整句话的理解,进而理解整个段落和文章。这个支架搭建的过程,就是支架式教学,应用支架式教学能够有效培养学生的逻辑性和连贯性。

二、支架式教学模式的教学过程

支架式教学是从国外引进的新兴教学模式,能够培养学生的综合能力,提高课堂教学质量。支架式教学总共可以分为五个教学步骤:第一步是要建立支架。例如在讲解足球的侧踢球运动内容时,教师可以在上课开始之前先给学生播放足球比赛的片段,让学生通过观看球员侧踢球的段落,更加直观地感受侧踢球的角度和方法,从而为学生后期的学习搭建学习支架。第二步是为学生建立学习情景模式。让学生从真实的侧踢球运动中,感受侧踢球所需的力度和角度,并在实践教学中锻炼踢球技巧。第三步是教师引导学生在实践中自主探索和掌握侧踢球的技巧。不同的学生有不同的学习能力,教师给学生预留充分的时间,能让学生更快更好地掌握侧踢球的技巧。教师和学生要加强沟通交流,因此第四步就是教师和学生、学生和学生之间进行交流讨论,互相交换足球技能。第五步是进行学习反思,让学生反思和评价自己在学习过程中的得失,通过反思总结足球的相关知识点,体会足球运动带来的乐趣。

三、支架式教学模式在高校足球教学中的应用

(一)设计教学支架

在高校足球教学中应用支架教学模式,能够为学生提供更加多样化的教学方法。支架式教学模式需要首先设计好支架,教师要运用自己掌握的教学知识和教学经验,根据学生实际的足球学习情况,依据学生的发展规律和发展需求,开发出更加适合学生足球学习的教学支架,在教学支

架中精心设计每一个教学步骤,避免教学中出现过分跳跃的教学知识,致使学生无法快速理解。教学支架的设计要以学生为基础,以符合学生实际情况为主,形成多样化的教学支架,促进学生的个性化发展。

(二)尊重学生的主体地位

支架式教学模式强调学生是课堂教学的主体,教师在课堂教学中属于引导者。因此在高校足球教学中,教师要应用支架式教学模式,引导学生积极主动地参与课堂教学活动,提高学生的参与积极性,让学生通过足球学习感受运动的快乐,了解足球运动的学习价值。在课堂教学中,教师要充分尊重学生的选择,多使用鼓励性的语言,挖掘学生的运动潜能。

(三)根据学生能力搭建支架

不同的学生拥有不同的身体素质和不同的运动能力,这与学生原有的运动经验以及接受新鲜事物的能力有很大关系。因此,针对不同的学生,教师要采用差异化的教学方法,搭建多样化的教学支架。根据不同学生的身体素质和发展水平,教师可以成立小组合作学习模式,让一个学生带动另一个学生,通过这样的教学方法来缩小不同学习能力的学生之间的学习差距。

(四)加强学习进度的追踪

完成教学任务并非支架式教学模式的重点,只有学生真正掌握了运动技术,才算是真正发挥出支架式教学模式的价值。在课堂教学中,教师要针对不同教学阶段学生的学习情况进行综合评价,相应地调整自己的教学支架,确保教学支架的建设能够适应学生的学习情况,满足学生的发展需求。支架式教学模式创新了高校足球教学观念,提升了高校足球课堂教学的质量和效率。

第八章 高校足球训练基本理论创新研究

第一节 高校足球训练理念

一、以发展学生全面素质为核心的训练理念

在高校足球训练中,将发展学生全面素质作为核心训练理念具有至关重要的意义。这一理念超越了传统足球训练对单纯技术和战术能力的关注,旨在培养综合素质高、适应现代社会需求的人才。

首先,身体素质的全面发展是基础。足球运动对学生的体能有着较高要求,包括力量、速度、耐力、灵敏性和柔韧性等多个方面。在训练中,不能仅仅局限于某一种体能素质的提升,而是要通过多样化的训练方法,使学生在各个体能维度上都能得到均衡发展。

其次,心理素质的培养是关键。足球比赛充满了不确定性和压力,学生需要具备坚韧不拔的意志、良好的专注力、自信心以及应对挫折的能力。在训练过程中,要刻意设置一些具有挑战性的情境,如模拟比赛中的落后局面或在高强度对抗下完成技术动作,让学生在实践中锻炼心理素质。同时,注重培养学生的团队心理默契,使他们在团队中感受到支持和信任,增强团队归属感,这对于比赛中的协作至关重要。

再次,智力素质的提升不可忽视。足球训练可以成为培养学生智力的有效途径。在战术训练中,学生需要分析场上形势、理解战术意图、预测对手和队友的行动,这涉及逻辑思维、空间想象、观察判断等多种智力因素。通过不断地训练和比赛,引导学生思考如何在不同场景下做出最佳决策,从而提高他们的智力水平。这种智力素质的提升不仅对足球运

动有益,还会对学生的学业和未来职业发展产生积极影响。

最后,社交素质的培养也是这一理念的重要组成部分。足球是一项集体运动,学生在训练和比赛中需要与队友、教练、对手等不同人群进行交流和互动。在训练过程中,鼓励学生积极表达自己的想法、倾听他人意见,培养良好的沟通能力和团队协作精神。同时,通过与不同学校、不同背景的球队比赛和交流,拓宽学生的社交圈子,提高他们的社交能力和社会适应性。

二、个性化与差异化训练理念

高校学生在足球基础、身体素质、兴趣爱好、学习能力等方面存在着显著的个体差异,因此个性化与差异化训练理念应运而生。

对于足球基础薄弱的学生,训练重点应放在基础知识和基本技术的掌握上。可以采用一对一辅导、小组互助等方式,确保他们理解足球运动的基本规则、熟悉基本技术动作,如传球、接球、带球等。训练内容要简单易懂、循序渐进,从静态练习逐步过渡到动态练习,从无对抗环境下的练习过渡到有对抗环境下的练习。

而对于有一定足球基础的学生,训练则应更具针对性和挑战性。根据他们的技术特点和发展潜力,为其制订个性化的训练计划。比如:对于速度快、擅长突破的学生,可以加强其在高速奔跑下的变向、过人技术训练,同时提高其在突破后传球或射门的决策能力;对于技术全面但战术意识薄弱的学生,加大战术训练的比重,通过分析比赛录像、模拟比赛场景等方式,提升他们的战术理解和运用能力。

在身体素质方面,也需要考虑个体差异。每个学生的体能特点不同,有的学生耐力好但力量不足,有的学生则相反。因此,在体能训练中,要根据学生的体能测试结果和身体状况,制订个性化的训练方案。

此外,兴趣爱好也是个性化训练的重要依据。有些学生对足球裁判工作感兴趣,在训练中可以安排相关的裁判知识学习和实践机会;有些学生喜欢足球战术分析,可为他们提供更多的战术研究资料和讨论平台,满足他们的兴趣需求,同时将这些兴趣与足球训练有机结合,提高学生的训练积极性和主动性。

三、融合现代科技的训练理念

随着现代科技的飞速发展,将科技融入高校足球训练理念已成为必然趋势。

运动追踪与分析技术为足球训练带来了新的视角。通过在训练场地安装高精度的运动追踪设备或让学生佩戴智能穿戴设备,能够实时获取学生在训练过程中的各种数据,如运动轨迹、速度、加速度、心率等。这些数据为教练提供了精确的训练反馈,帮助他们深入了解每个学生的运动状态和体能消耗情况,可以根据运动轨迹数据判断其跑位是否合理、是否能够及时占据有利位置;在体能训练中,根据心率数据调整训练强度,确保训练既达到效果又不会过度疲劳学生。

虚拟现实(VR)和增强现实(AR)技术在足球训练中的应用日益广泛。VR技术可以创建高度逼真的虚拟训练环境,让学生沉浸其中进行训练。例如模拟各种国际大赛的比赛场景,包括不同的天气条件、观众氛围等,使学生在心理和技术上适应高强度的比赛环境。同时,通过VR技术可以进行一些在现实环境中难以实现或具有一定危险性的训练,如模拟高速冲撞下的自我保护动作。AR技术则可以将虚拟的足球元素与现实训练场景相结合,为学生提供更加直观的训练指导。

此外,视频分析软件也是现代足球训练中不可或缺的工具。教练可以利用视频分析软件对学生的训练和比赛视频进行详细分析,从技术动作、战术配合、团队协作等多个角度评估学生的表现。通过慢动作、定格、对比等功能,发现学生在训练过程中存在的问题和不足之处。同时,利用视频分析软件还可以研究对手的比赛视频,为比赛准备提供有力支持,帮助球队制定更具针对性的战术。

四、文化传承与教育并重的训练理念

足球不仅仅是一项运动,它还承载着丰富的文化内涵,在高校足球训

练中应秉持文化传承与教育并重的理念。

足球文化是世界文化的重要组成部分,不同国家和地区有着独特的足球文化传统。在训练过程中,向学生介绍这些足球文化,如巴西足球的艺术风格、德国足球的严谨战术、阿根廷足球的激情等,可以拓宽学生的文化视野,让他们了解足球在不同文化背景下的发展历程和特点。

同时,足球训练也是对学生进行思想教育的良好契机。足球运动中蕴含着许多优秀的品质,如团队合作、公平竞争、拼搏进取、尊重对手等。在训练中,要将这些品质的培养贯穿始终。通过团队训练和比赛,让学生深刻体会到团队合作的力量,明白只有相互协作才能取得胜利;强调公平竞争的重要性,要求学生遵守比赛规则,杜绝不正当行为;鼓励学生在训练和比赛中勇于拼搏,克服困难,培养他们的进取精神。此外,培养学生尊重对手、尊重裁判、尊重观众的意识,使他们成为有体育道德的人。

在文化传承与教育并重的训练理念下,高校足球训练将成为培养全面发展人才的重要平台,不仅提高学生的足球水平,更塑造他们的人格品质,传承和弘扬足球文化。

五、可持续发展的训练理念

高校足球训练的可持续发展理念强调长期规划和持续改进,以保障足球训练在高校教育体系中的稳定发展和不断提升。

从长期规划角度来看,要根据高校的整体发展战略和学生的发展需求,制订具有连贯性的足球训练计划。这个计划应涵盖从新生入学到毕业的整个大学阶段,并且要与不同年级学生的课程安排、学业压力等因素相协调。对于大一新生,可以侧重于足球兴趣的培养和基本技能的训练,让他们尽快适应大学生活和足球训练环境;大二、大三学生则在巩固基础的同时,逐步加强战术训练和比赛经验的积累;对于大四学生,根据他们的个人发展方向,如准备从事足球相关职业或继续深造等,提供相应的针对性训练,如足球教学方法培训、足球科研指导等。

在训练内容方面,要保持与时俱进,不断更新和改进。关注足球领域的最新发展趋势,包括新的训练方法、战术理念、技术动作等,并将其融入高校足球训练中。同时,要根据本校学生的实际情况和训练效果,对训练内容进行优化。如果发现某种训练方法对提高学生的某项能力效果不明显,要及时调整或更换训练内容。此外,注重训练内容的系统性和完整性,确保各个训练阶段之间的衔接顺畅,使学生能够逐步深入地掌握足球知识和技能。

可持续发展的训练理念还重视教练队伍的建设和发展。定期为教练提供培训和进修机会,让他们能够不断学习和掌握新的足球训练理论和技术,提高教练的专业水平和执教能力。鼓励教练开展足球训练相关的科研工作,通过研究解决训练过程中遇到的实际问题,并将科研成果应用到训练实践中。同时,建立合理的教练评价和激励机制,激发教练的工作积极性和创造性,促进教练队伍的稳定和发展。

此外,在可持续发展理念下,要加强与社会足球资源的对接和合作。与当地足球俱乐部、足球培训机构、社区足球组织等建立长期稳定的合作关系,为学生提供更多的实践机会和发展空间。

六、趣味化与情境化训练理念

在高校足球训练中,趣味化与情境化训练理念能够极大地提升学生的训练热情和训练效果。

趣味化训练是吸引学生积极参与足球训练的重要手段。可以将足球训练设计成充满乐趣的游戏形式,让学生在玩的过程中不知不觉地提高足球技能。例如设计"足球接力拼图"游戏,将一幅足球相关的拼图分成若干块,分别放置在球场的不同位置,学生分成小组进行接力,在每次传球、接球或带球成功后,可以获得一块拼图,最先完成拼图的小组获胜。这种游戏不仅锻炼了学生的足球基本技术,还增加了训练的趣味性。同时,可以开展一些足球技巧挑战活动,如"颠球挑战赛""花式足球表演赛"等,鼓励学生展示自己独特的足球技巧,激发他们的竞争意识和创新精神。

情境化训练则是让学生更好地将足球技能应用于实际比赛场景的有效方法。通过创设各种真实比赛情境,使学生在训练中有身临其境的感觉。比如模拟世界杯决赛的紧张氛围,从入场仪式、观众呐喊声到比赛的具体场景,包括比分压力、时间压力等,让学生在这种情境下进行训练和比赛。在训练过程中,根据不同的情境设置不同的任务和目标。例如在模拟比分落后且比赛时间不多的情境下,要求学生制定并执行有效的进攻战术,培养他们在高压环境下的决策能力和战术执行能力。再如设置对手频繁犯规或裁判判罚争议较大的情境,训练学生如何保持冷静、避免情绪波动,以及如何在这种复杂情况下继续发挥自己的水平。

此外,将趣味化和情境化相结合能产生更好的训练效果。例如设计一个"足球冒险之旅"的情境训练,把球场划分成不同的区域,每个区域代表不同的关卡,如"怪兽防守区""宝藏传球点"等,学生以小组形式完成这个冒险之旅,在完成任务的过程中,他们需要运用各种足球技术和战术,同时体验到足球训练的乐趣和刺激。这种结合的训练理念能够让学生更加享受足球训练过程,提高训练的质量和效率。

七、以赛促训的训练理念

"以赛促训"是高校足球训练中一种行之有效的理念,它强调比赛在足球训练中的重要作用,通过比赛来推动训练水平的提升。

比赛是检验训练成果的最佳方式。在真实的比赛环境中,学生所面临的压力、对手的变化以及各种突发情况都是训练中难以完全模拟的。通过参加比赛,学生可以将在训练中所学的技术、战术和身体素质等方面的能力充分展现出来,从而发现自己在实际比赛中的优势和不足。

以赛促训还能有效提高学生的比赛经验和应对能力。不同类型的比赛,如校内联赛、校际友谊赛、地区性大学生足球比赛等,都为学生提供了丰富的比赛体验机会。在面对不同风格的对手时,学生需要快速适应对手的战术特点和比赛节奏。这种适应过程能够锻炼他们的应变能力和战术调整能力。

同时,比赛可以激发学生的训练积极性和竞争意识。比赛的胜负结果往往会对学生产生强烈的刺激,促使他们在训练中更加努力地提高自己。当球队在比赛中失利时,学生会主动分析原因,积极寻求改进方法,在训练中更加刻苦地训练;而当球队取得胜利时,也会激发他们追求更高水平的动力,继续提升自己的能力。此外,比赛中的个人表现和团队荣誉也会让学生更加珍惜训练机会,形成一种良性循环,推动足球训练水平的不断提高。

为了更好地实现以赛促训,高校需要建立完善的竞赛体系。包括定期举办校内足球比赛,从班级赛、院系赛到校级联赛,形成多层次的比赛结构,让不同水平的学生都有参与比赛的机会。同时,积极与其他高校建立长期稳定的竞赛交流机制,组织校际足球比赛和友谊赛,拓宽学生的比赛视野。在比赛组织过程中,要注重比赛的规范性和专业性,配备专业的裁判队伍,严格执行比赛规定,为学生创造公平、公正的比赛环境。此外,还要加强对比赛的分析和总结,每次比赛后,教练和学生共同对比赛过程进行复盘,找出问题和改进方向,将比赛中的经验教训反馈到训练中,进一步优化训练内容和方法。

八、多元融合的训练理念

多元融合的训练理念在高校足球训练中体现为多种元素的相互融合,为学生创造更丰富、更全面的训练体验。

首先是足球专项训练与综合素质训练的融合。足球专项训练包括足球技术、战术、体能等方面的训练内容,但不能孤立地进行这些训练。将综合素质训练融入其中,如将协调性训练与足球技术训练相结合,在进行带球训练时,可以设置一些需要学生通过身体协调性动作绕过的障碍物,这样既提高了带球技术,又增强了身体协调性。再如将反应速度训练与守门员训练相结合,利用专门的反应速度训练设备,模拟足球射门场景,提高守门员的反应能力。这种融合,使足球训练不仅局限于足球本身,还能提升学生的整体运动能力。

其次是足球训练与其他体育项目的融合。不同的体育项目对身体素质和运动技能的发展有着不同的侧重点。例如:将足球与田径中的短跑项目相结合,可以提高学生的启动速度和冲刺能力,这对于足球比赛中的快速进攻和回防至关重要;将足球与体操中的平衡木训练相结合,有助于提高学生在足球场上保持身体平衡的能力,尤其是在做一些高难度技术动作或在对抗中保持稳定时。这种跨体育项目的融合能够拓宽学生的训练思路,从不同体育项目中汲取有益于足球训练的元素。

再者是足球训练与艺术元素的融合。足球运动本身就蕴含着一定的艺术美感,如球员的盘带过人动作、团队配合的流畅性等。在训练中引入艺术元素,如舞蹈和音乐,可以培养学生的节奏感和表现力。例如:在热身训练中,结合舞蹈动作,让学生在富有节奏感的音乐中进行身体拉伸和活动,提高身体的柔韧性和灵活性;在技术训练中,鼓励学生将足球动作做得更加优美、富有韵律,如将盘带动作与舞蹈步伐相结合,使足球训练更具观赏性。同时,将足球与艺术融合还可以培养学生的创新思维,让他们在足球训练中展现出独特的个人风格。

此外,多元融合还包括足球训练与教育教学方法的融合。借鉴现代教育教学方法,如项目式学习、合作学习等,应用于足球训练中。在项目式学习中,将足球训练中的某个战术或技术提升设定为一个项目,让学生自主探究、设计训练方案并实施,培养他们的自主学习能力和解决问题的能力。在合作学习方面,通过小组合作训练的方式,让学生在团队中共同学习、共同进步,提高团队协作能力和沟通能力,同时也促进足球训练的效果提升。

第二节　身心素质训练理论诠释

一、足球运动与身体健康

(一)加强身体训练的意义

身体训练指在运动训练过程中有计划地运用各种身体练习促使运动员的身体机能和身体素质得以全面提高,同时促使运动员的身体形态正常发展,使他们的健康水平得以提高。对运动员施加各种身体练习的过程就称为身体训练。体育活动和竞技项目都要求运动员具有特殊的机体工作能力,这种能力是运动员经过艰苦的训练方可获得,并通过人体活动表现出来,通常划分为力量、速度、耐力、灵敏及柔韧等。

运动训练以发展运动员的素质作为身体训练的主要内容。身体素质是一种能力,其发展取决于机体神经系统的调节机能、身体形态结构、机体机能、能量物质的储备和代谢以及各种化学酶的活性等。运动员在训练过程中必然要承受该项目所要求的生物负荷从而刺激机体发生变化。身体训练是运动训练不可缺少的重要部分,也是实现教学训练合理程序的关键部分。因为只有通过各种一般身体练习与专项身体练习才能使人体机能接受教学训练的运动量,提高神经中枢的兴奋程度,使运动员更好地掌握技战术。在完成教学与训练活动后,也要运用有效的身体练习,使人体从兴奋状态逐步恢复到安静状态,合理的放松练习能够较快地消除疲劳。

足球运动本身的特点决定了足球运动比其他项目更需要耐久力和速度。足球运动是允许身体接触和冲撞的大场地球类项目,如果没有严格的、系统的、科学的身体训练使运动员具有较强的身体素质,那么运动员很难实施个人及团队战术。从世界杯赛中可以清楚地看到,足球比赛速度越来越快,对抗程度越来越激烈。战术变化增多、运动员职能扩大等因素对运动员的身体素质提出了更高要求。只有在身体素质、技术、战术、心理品质这四个方面都达到高水平的队伍才有可能进入决赛圈。为此身体素质越来越被各国专家所重视,他们广泛应用各个领域的知识,结合足球专项的特点,采用科学的训练方法,不断提高足球运动员的身体训练水平,有力推动足球运动向更高水平发展。

由此可见,身体训练是运动训练不可缺少的一个重要部分。重视和加强身体训练,坚持全面地、系统地、科学地训练对迅速提高我国足球运动水平具有十分重要的意义。

(二)足球运动员身体训练的内容与任务

足球运动员身体训练包括一般身体训练与专项身体训练。

一般身体训练通常可被理解为协调发展运动素质的过程。不同项目的运动员所需要的身体训练是不同的，因此，发展足球运动员的一般身体素质应选择与足球运动专项特点有密切关系的运动项目进行练习。这些运动可以增进运动员的健康，便于发展足球运动所需的能力。

足球运动员专项身体训练是指为了提高专项运动素质所采用的专门的训练方法和手段，其目标就是发展专项运动素质。专项身体训练发展的运动素质应严格与足球比赛的要求一致。例如：为增强足球运动员的踢球力量，要根据摆腿用力的特点选择关节屈伸等肌力练习；为提高足球运动员速度，专项练习要根据足球比赛快、中、慢跑的特点，选择快、中、慢跑交替的练习方式。足球运动员的专项身体训练必须以足球运动员在比赛中运用的技术动作的肌力、体力等为依据。如快跑、转身、急停、跳跃、顶球、运球、抢截、冲撞等动作所需的速度、力量、灵敏、柔韧等素质，以及在 90 至 120 分钟内激烈对抗条件下完成这些技能所需的各种能力。选择与这些技能有直接关系的练习，进行有计划的科学安排，才能达到提高专项身体素质和提高比赛能力水平的目的。

科学地安排和分配各种身体素质训练，才能使身体素质发展取得更好的效果。在学生长身体的时期应以全面身体训练为主，把全面身体训练贯彻在训练过程的始终，然后在全面训练的基础上进行专项训练，这样才有利于学生身体的全面发展，为日后提高技战术水平打下良好的基础。

二、足球运动与心理素质

事实证明，良好的心理素质是学生学习足球运动所必须具备的。学生的运动能力与智力、个性特征、心理调节能力、社会心理特点等存在密切关系。对高校学生来说，强大的自信心、意志力与高度的注意力是成为优秀足球运动参与者所必不可少的心理品质。

第三节　各项身体素质及练习方法示例

一、速度素质及练习方法

速度素质是指人体对各种刺激反应的快慢，或者单位时间内移动某一段距离或完成某一个动作的能力。在高校学生的各项身体素质中,速度素质占有特别重要的地位。足球比赛对速度素质的要求越来越高,因此对学生提出了更高的要求。足球运动员的速度素质包括在场上快速奔跑的能力(包含起动、转身、急停)、对各种刺激的反应能力(包含对球、队员、场区的反应)以及快速完成各种技术动作的能力。

足球比赛的发展越来越趋向于快速化,因此速度是足球运动员必须具备的素质之一。在比赛中,快速就意味着优势。因此如何提高足球运动员的反应速度、奔跑速度是当前训练的重要内容之一。

足球运动员的反应速度是指对球、队员、场区等物的视、触觉的快速应对能力。一个具有快速移动能力的运动员,并不一定有良好的反应速度。加速能力强的运动员,他的起动并不一定就快,反之,起动快的队员,他的加速能力不一定强。反应速度取决于信号(与球、队员、场区相关的信息)通过反射弧所需要的时间,时间长反应就慢,时间短反应就快。

反应速度训练的主要手段有四种。

(一)利用突然发出的信号训练运动员对简单信号的反应速度

如利用一定的声信号(哨声、鸣枪声),而足球运动员除声信号外,主要利用手势、灯光、球等各种视觉信号来提高对简单信号的反应速度。

(二)利用运动感觉法

这种方法可以培养和训练运动员对时间的判断能力。

(三)移动目标的练习

即运动员对移动目标能迅速地做出应对。足球运动员要对球或队员的移动保持敏感,根据目标发出的信号判断目标移动的方向以及速度,然后选择自己的行动方案,并最后实现该方案。

(四)选择性练习

即随着各信号的变化,让运动员做出相应的应答动作。如做与教练员相反的动作或观察教练员做不同的动作,按照事先规定与运动员进行相应的动作等等。

以上四种方法对反应速度训练都有着重要作用。根据足球运动的特点、第一种、第三种训练尤为重要。保持注意力集中,有利于运动员尽早做出应对动作。根据研究,运动员肌肉处于紧张待发状态时的反应速度要比处在放松状态时的反应速度快上60%左右。

对运动员进行反应速度训练时,利用多种适宜强度的信号效果较好。足球运动员的反应速度主要取决于视觉与本体感受器的神经冲动通过反射弧各环节的时间。因此,改善中枢神经系统、缩短神经传导的时间是提高反应速度的关键。提高足球运动员的反应速度必须与加强观察力训练紧密结合,只有反复练习以建立巩固的条件反射联系,才有助于提高反应速度。反应训练时信号刺激的强度必须适宜,过大或过小都不利于反应速度的提升,甚至会产生相反的效果,同时又应以不降低运动员的兴奋度为原则,如果运动员的兴奋度降低,则应停止训练。

动作速度是指足球运动员在场上完成某一动作或一系列综合动作的能力。足球运动员的动作主要表现在爆发用力的动作上,如踢球、掷球、弹跳、起动及身体与肢体的转动等方面。

位移速度(移动速度)是指足球运动员除了要掌握田径运动员的各种技术外,还要掌握在足球场上奔跑的技术。足球运动员在比赛中常常进行5~15米的快跑冲刺,由于在快跑中要随时改变方向、控制球和应付突变情况,所以身体重心前倾、步幅变小。另外,由于足球运动员在比赛中常需要做大量的变向、转身等动作,所以对足球运动员的瞬时速度、角速度、匀速度、加速度、最高速度、制动速度等要求较高。因此,运动员必须具有较强的腿部力量和耐久力。只有经过系统的严格训练才能达到较完善的程度。

速度练习方法示例:

第一,各种姿势的原地起跑(10~30米)。包括蹲低式、站立式、侧身站立、背向站立、坐地、坐地转身、俯卧、仰卧、滚翻后、原地踏步、原地跳跃(或跳起顶球模仿动作)等姿势。

第二,活动情况下的起跑(5~10米)。包括小步跑、慢跑、高抬腿跑、侧身跑、颠球、传接球、顶球。以上两种练习都可用视、听信号,如哨声、击掌、教师摆手势、抛球等。

第三,利用快速小步跑、高抬腿跑、顺风跑、下坡跑等提高步频。

第四,60米、80米、100米的全速跑、加速跑。

第五,在快跑中看教师的手势或抛球等信号,做急停、转身、变向和跳跃等练习。

第六,全速运球跑、变速运球跑、变向运球跑等。

第七,运球结合堵抢、两人追抢射门、运球射门,快速完成成套技术的综合练习等。

第八,各种有球和无球的发展速度的游戏。

二、力量素质及练习方法

人体神经肌肉系统在工作时克服或对抗阻力的能力,称为力量素质。力量素质是各项身体素质的基础,是学生掌握运动技能的基础。

(一)收腹举腿

仰卧在体操垫子或地板上,两腿伸直处于水平位置上,两臂伸直自然置于体侧,然后收腹向上举起双腿至垂直部位,再慢慢放下成原来姿势。练习时收腹举腿动作速度要快,而放腿速度则要慢。

(二)推小车

甲俯卧,两臂伸直,乙两手抬起甲的两脚,甲用两手向前行走。

(三)仰卧过顶举

仰卧在板凳上,双手握住哑铃把。开始时将哑铃提起,两臂伸直,重量集中在胸部上端,然后慢慢从头顶上下放,直至两臂能舒适伸张到头顶的后下方,然后举回成原来的姿势。

(四)斜立哑铃双臂屈肘

双手掌心相对,双臂伸直下垂,持哑铃站立,斜靠在斜板上。双臂屈肘,当手到达大腿上部时掌心由内转向上,直至到达肩部;然后下降哑铃高度,双手经过大腿时,掌心再由上转内,同时保持上臂贴近体侧。重复练习,哑铃上举时吸气,下放时呼气。斜立哑铃双臂屈肘的训练主要能锻炼练习者肱二头肌和臂部肌群的力量。

（五）合理冲撞练习

二人面向或侧向做跳起冲撞练习。或甲运球，乙贴身跟随并冲撞甲，甲要稳住重心。或两人同时争顶并在其间运用合理冲撞。

三、耐力素质及训练方法

耐力素质是人体保持长时间运动的能力，或叫抗疲劳和迅速消除疲劳的能力。在高水平的足球赛中，一名队员需跑动 8000 至 14 000 米的距离，且在激烈的对抗中快速完成技战术动作数百次。

（一）重复爬坡跑

在 15 度的斜坡道或 15～20 度的山坡上进行上坡跑，重复 5 次或更多，跑距 250 米或更多。

（二）连续换腿跳平台

平台高度 35 至 45 厘米，单脚放在平台上，另一脚在地上支撑，两脚交替跳上平台各 40 至 60 次。要求两臂协调配合，上体保持正直。

（三）在场地上跑

快跑段、慢跑段距离也根据专项任务与要求决定，一般是 100 米、600 米、800 米、1000 米。

（四）登山游戏或比赛

在山脚下听口令起动，到达山上标记的终点。可以自选路线登山或按规定路线登山，可进行登山比赛或在途中安排些游戏，如埋些"地雷"，规定各队要找出几个"地雷"后集体到达终点，最先到达者为胜。

（五）100～200 米间歇跑

要求整个训练的持续时间尽可能长，至少半小时。练习之间采用积极的休息方式，如放松走和慢跑。训练中每一次练习的持续时间不能太长，保持较大的负荷强度，心率在 170～180 次/分之间。短暂休息后，在身体尚未完全恢复的情况下进行下一次练习，使心率保持在 120～140 次/分之间。

(六)100～400米逐渐缩短间歇时间跑

采用80%～90%强度进行训练,心率达到180～190次/分。一次训练的持续时间和距离稍长,练习的重复次数不宜过多。要求学生逐渐缩短间歇时间,可采用段落相等或不等的练习。如果段落不等,练习顺序由短到长,在最后一组训练时基本保持规定的强度。

第四节 各项心理素质及练习方法

一、一般心理素质训练

(一)自信心

实验证明,优秀的学生都具备较强的自信心。因此,学生自信心的培养是高校足球运动训练的重点方面。

随着足球运动的不断发展,推动了高校足球运动进一步发展。其多样性、复杂性、变化性要求学生在比赛中应具备良好的生理与心理承受能力,树立正确的胜负观。高校学生自信心强,才能在复杂的运动中做出正确的判断与行动,从而促使比赛朝着积极的方向发展。

(二)意志力

意志是一种意识调节活动,主要表现在能够控制自身行为。它具有四个方面的特点,即目的性、顽强性、果断性与自制性。目的性是与正确的运动动机联系在一起的。每次训练课和比赛都有一个与长期目标相联系的短期目标,运动员要发挥最大的潜力、克服种种困难和障碍去实现这个目标。这些行为过程往往伴随着目的性明确的意志活动。顽强性无疑是最可贵的意志品质,表现为运动员百折不挠、坚持不懈的精神。果断性是敏捷而正确的行动,尤其在瞬息万变的比赛中,成功与失败戏剧化地交错,极易对运动员的心理产生干扰,随时影响运动员的抉择,因此意志活动的果断特征对完成比赛任务有着举足轻重的作用。自制性是足球运动员必须具备的意志品质,有了自制性,就能约束自己的行为,最大限度地控制自己不受观众、裁判、气候、场地等消极因素的干扰。

(三)注意力

在高校足球比赛中,注意力对于整个比赛来说非常重要。注意力的训练内容主要包括注意力的范围、稳定性、转移以及分配。

学生在完成技术动作的学习并进行实践时,应善于把握全场的局势与变化,善于洞察对手和同伴的行动意图,这些都与学生的注意力密切相关。培养与提高学生的注意力,应从三个方面考虑。

第一,在瞬息万变的比赛场上,有意识地引导学生合理分配注意力。

第二,让学生学会观察,将注意力逐渐从球上转移到球场上,从狭窄的观察面扩展到较宽广的观察面。

第三,在赛前,用正确的方法转移注意力,调节赛前的不良情绪,或者集中学生比赛的注意力,以改善其自我控制能力。

二、比赛心理素质训练

(一)赛前的心理

研究表明,赛前心理状态会对学生技战术水平的发挥造成直接影响。赛前学生的心理状态可分为四种,分别是过分激动状态、淡漠状态、盲目自信状态和最佳战斗状态。前三种状态需要采用科学、合理的方法进行调整,主要调整方法有五种。

1. 确定比赛任务与目标

目标的制定既有利于发挥学生的潜力,又能使其接受比赛的现实。

2. 增强学生自信心

对于高校学生来说,自信心是取得成功的重要基础。学生应对比赛可能遇到的不利因素做好充分的思想准备。可通过认知训练帮助学生正确评估彼此双方的力量,培养学生勇于拼搏的精神,以良好的心理状态投入比赛。

3.使学生的情绪趋于最佳状态

运用心理调节训练的手段针对性地调节各种不利于比赛的情绪,使学生的情绪趋于最佳状态。

4.激发学生良好的比赛动机

调动学生的积极性是很有必要的,但是还应当注意动机过于强烈或注意力过分集中都会导致精神紧张,从而影响技术水平的发挥,因此要将学生的积极性控制在合理范围。

5.分析状况

对足球比赛中的行动和思维程序进行表象演示,熟悉战术实际要求,提前分析可能遇到的困难。

(二)赛中心理

足球比赛中,主观和外部环境的各种刺激都会对学生的心理稳定产生一定的影响。良好的心理状态是比赛成功的重要保证。认知因素、生理因素和刺激因素对学生的情绪都会产生一定影响,其中起关键作用的是认知因素。

1.认知因素的影响与调控

一般认知因素来自大脑的各种中枢信息,特别是对过去经验的回忆。如遭受失败的不良情绪的影响,学生就会在比赛时表现出焦虑和急躁。用积极的自我暗示来抵御消极的想象,是控制认知因素影响的重要方法。

临场遇到情绪波动甚至情绪恶化时,一般可采用以下简易方法。

(1)呼吸吐纳调整法

加深呼吸的深度,调匀呼吸的均匀度,使呼吸达到悠缓、深细、深沉的状态,尤其强化腹式呼吸,效果更明显。

(2)语言暗示法

自我暗示或同伴、教师暗示皆可。如"镇静、放松""现在感觉很好""可以继续进行""没关系,再努力一下"等。同时,闭目、静观、调整呼吸,效果更佳。

(3)转移注意法

暂时不去想失利的过程,转而思考其他愉快的体验,使紧张的情绪得到暂时的放松和调整,也有利于情绪的稳定。

(4)自我训练法

发现过度紧张可通过常用的身体活动来缓解。如做扩胸运动,轻微活动膝、腿、脚踝,配合深呼吸,能有效缓解紧张情绪。

(5)闭目静坐法

在中场休息时,闭目静坐,听自己的呼吸声,暂时排除脑中繁杂的念头。继而感受自己的身体内部,经脉畅通,如甘露由上而下挥洒,遍身清凉透彻。这既可排除各种因素的干扰,也可迅速使情绪平静下来。

(6)肌肉松弛法

通过按摩使肌肉放松,尤其是对肩、颈、背部肌肉进行按摩放松,有助于消除心理紧张。

临场可因地制宜、灵活应用适宜的方法,有时2至3种方法同时应用更好。

2. 生理因素的影响与调控

一定程度上,情绪受植物性神经系统的机能水平、内环境的平衡、骨骼肌的紧张程度以及疲劳、伤病等因素影响。而心理调节手段是对生理内部的刺激压力进行调控的有力手段。

3. 刺激因素的影响与调控

观众、比赛环境、气候条件等都会直接或间接地通过感官刺激学生,从而影响其情绪。降低学生对外界刺激的敏感性,使学生将注意力集中在技战术上,能够增强学生的心理稳定性。

(三)赛后的心理

学生会因比赛结果产生积极和消极的心理反应。因此,教师需要帮助学生分析赛后的心理状态,并采用合理的措施进行调整,化消极因素为积极因素。赛后安排休息、开展心理咨询、端正态度、总结经验教训,化解消极因素、鼓励积极情绪,是比赛后进行心理调节的主要内容。

因此,教练员应当和运动员一起分析比赛后的心理状态,根据存在的问题,采取必要的措施加以调整,化消极因素为积极因素。

1. 运动员在赛后心理状态的表现

(1)比赛成功者会有鲜明而深刻的情绪体验,然而这种体验会产生两种不同的心态。具体表现为:积极的心态是,对成绩的获得有一种满足感、振奋感,精神受到很大鼓舞,信心更强,希望在以后的比赛中再接再厉取得更优异的成绩;消极的心态是,骄傲自满、目中无人,看不到自己的缺点与不足,对以后的比赛产生盲目自信,妄想轻易得胜。

(2)比赛的失败者会因失利或没有发挥出水平而遗憾,也会产生两种心态。积极的心态是,从比赛中发现了缺点与不足,分析失败的原因,决心有针对性地去克服。失败并未使自己消沉反而更激起了自己的斗志,在以后的比赛中努力争取胜利。消极的心态是,经不起失败的打击,意志消沉、怨天尤人、丧失信心,把比赛失利更多地归于客观原因,或认为自己无能,一蹶不振,不想再参加比赛。

2.比赛后的心理调整

(1)针对不同的状态开展心理咨询,帮助运动员端正态度、提高认知,分析成功或失败的经验教训。化解消极因素,鼓励积极情绪,无论是失败者还是成功者,都要防止自我心态发生骤然变化,使其始终保持积极进取的心态。

(2)赛后应安排积极的休息方式。消除生理疲劳和心理疲劳一般采取转移注意力的活动,如文娱活动等。整个赛期结束应有1至2周的调整期,通过轻松愉快、丰富多彩的活动进行积极的心理调整。这项工作不仅有利于以后的训练和比赛,更有利于身心健康。

(四)主客场制赛事的心理状态及调整

当今,国内外的竞赛较为频繁,职业足球俱乐部的年度比赛已采用主客场制。一般人认为主队占天时、地利、人和,胜率应该大于客队,然而从心理因素影响技战术发挥的观点看,事实未必如此。国外心理学家以此观点为假设,采用个案历史法,搜集1924—1982年59届美国棒球全国大赛的记录,分析其输赢次数和当时主客队的关系,又以同样方法搜集和分析1967—1982年16届美国篮球协会举办的全国大赛记录。研究结果发现,在初赛阶段主队赢球机会大,复赛阶段主队输多赢少,而决赛阶段主队处境更为不利,总体上主队胜算率低于50%。原因是,本来有利的主场优势,变成了心理压力,观众的过度期望加重了球员心理负担,以致表现失常,影响成绩。

综上分析,主队更重要的是克服想赢怕输的心理压力,尤其是在迎战势均力敌的对手或身处关键的场次时，运动员应正确评估双方的实力，摆正自己的心态，多考虑具体技战术的准备，少考虑比赛结果，把困难想象得充分些，以积极心理状态投入比赛。要处理好劳逸关系，实行封闭式管理，减少家人、熟人的干扰，集中精力投入比赛。客队要克服观众的干扰和可能出现的裁判员失误所带来的影响。调整好地区差异带来的生理或心理不适应，妥善安排好生活作息，尽快消除旅途疲劳，保证以充沛的体力、饱满的精神、稳定的情绪投入比赛。

三、心理素质训练方法

(一)集中注意力

学生应促使自己全神贯注于一个明确的目标，不要因其他事物而分散注意力。意愿的强度、意愿的延续性、注意力的集中强度和集中的延续四个方面组成了集中注意力的能力。培养集中注意力能力的方法包括四个方面。

第一，锻炼集中注意力的能力，采取类似意守某一点的专注训练方法，如视觉、听觉的定点专注训练。

第二，将感觉专注于某一点，达到忘我的境界。

第三，教师用提示语、警示语培养队员集中注意力的习惯。

第四，日常训练中注意排除各种心理干扰因素的影响，避免训练中的情绪波动。

(二)心理反馈

心理反馈训练，是指采用专门的仪器，以声光信号识别自身生理功能变化状态，并将这种状态与自身感觉、知觉联系起来。通过训练，学生可以逐步学会根据反馈信息调整自身机能潜能，充分发挥机体潜能，并通过调节内脏功能、植物性神经系统功能、心率、肌电和血压等来改善情绪状态。

(三)模拟训练

模拟训练，是指尽可能地让运动员针对比赛中可能出现的情况反复进行实战性练习，并在与比赛条件相似的环境下安排训练的一种实战心理训练方法。模拟训练有助于运动员在不同的比赛条件下适应比赛环境，使其获得良好的临场竞技水平。比如适应对手的技战术特点，适应比赛氛围等。

(四)运动表象训练

念动训练又称为运动表象训练，是学生有意识、有次序地在脑中重复再现原已成形的运动动作表象的训练。学生在足球比赛前进行技术或战术配合的表象体验，能够对运动器官的动员起到有效促进作用，从而较好地完成技术动作和战术行动。

运动表象是人脑中重现或创造出来的运动动作或运动情境。运动表象训练是练习者利用运动表象来提升运动技能、练习战术打法、模拟比赛情境、调节情绪和增强信心的心理训练方法。练习者在头脑中重现某个技术动作的同时，相应的神经和肌肉也产生微弱的活动，这种内部的演练活动与外显的实际练习相似，因而也能达到技术动作练习的效果。其战术练习的功能主要是练习者在头脑中想象战术打法的线路或双打配合移动的情境，进而熟练掌握已有或创造出新的战术打法。

通过回忆比赛情境或观看比赛场景的图像等手段，在头脑中反复想象比赛过程或情境，体验比赛的紧张性，这就是表象训练的模拟比赛功能。情绪紧张时想象安静、舒适、美好的情境，如想象海浪、沙滩、小溪、清风、鸟鸣等，能使情绪宁静下来。反复在脑海中呈现成功的动作和体验，可以增强练习者完成技术的信心，这就是表象训练的情绪调节和增强信心的功能。进行运动表象训练应编写好动作要领和情境表象提示语，熟记或做好录音。

表象训练时要在安静的环境里进行。首先练习者要使身体和心理都保持放松状态，然后心里默念提示语，同时在头脑中产生相应的动作体验或情境形象，要动员多种感官参与表象，努力做到完整、连续、形象、逼真，提升表象训练的实际效果。

(五)意志训练

体育教学训练中的意志训练是以端正练习者的参与动机，提高克服各种困难的决心和品质，充分发挥主观能动作用，以坚定、顽强、坚韧不拔的态度努力实现运动目的的训练。练习者的运动动机是否端正、目的是否明确、情绪是否高涨、对困难估计是否充分、意志是否坚定以及身体素质与技战术训练水平是否较高等,是影响练习者意志品质与表现的主要因素。运动动机和目的是激励练习者战胜困难的强大心理动力,起着强化和维持运动行为的作用。如果练习者强烈而明确地感受到参与足球教学训练的需要和愿望,他们会树立起积极、长远、现实且具有挑战性的足球专项运动目标,同时,他们会深刻认识到自我运动参与的动因内涵及其意义,确信自己运动信念的正确性,这样,他们在克服教学训练障碍时的决心更大,行为更坚决。"知之深"才能动力足,这是不变的道理。

教师要经常对足球教学训练的参与者进行运动动机教育,旨在提高他们的认识水平和运动抱负,坚定他们的信念,为克服训练中的困难打好认识基础。情绪和情感对意志表现有积极的"增色"作用,他们赋予运动行为以丰富的感情色彩。良好的情绪和情感能够给予练习者巨大的力量,动员更多的生理能量投入运动活动中,从而发挥出超常的水平,完成平时难以完成的动作。因此,提高练习者对足球运动的热爱与追求程度,增强其义务感、责任感和使命感至关重要。同时,教师应采用有效方法调动练习者的情绪和情感,发挥情绪和情感的积极动力作用,将精神力量转化为物质力量,这对他们战胜困难具有精神上的促进作用。

足球教学训练中,练习者可能会遇到很多困难,因此必须有心理准备。如果总是期望一帆风顺、轻轻松松,一旦遇到挫折就容易打"退堂鼓"。练习者应对所面临的困难有充分的预估,随时做好迎接困难与挑战的准备。遇到困难时,是知难而上还是知难而退,这与练习者平时养成的意志行为习惯有关。习惯是个体"刺激—反应"自动化的一个标志。养成了不良习惯,遇到相应刺激就会自动产生不良行为;而养成了良好习惯,遇到刺激就会自动产生相应的良好行为。"习惯成自然",一旦形成了遇到困难咬牙坚持的习惯,练习者在面对挑战时就更容易表现出良好的意志品质。因此,我们要抓好平时的每一个行为,不放松对自身的要求,以养成良好的行为习惯。这些习惯的一贯表现,将逐渐融入个体的性格之中,进而形成稳定的品质,这些品质在练习者的教学训练以及竞赛中都起着至关重要的作用。

意志训练的一种具体方法是安排"反向"练习,即在练习者意愿相反的方向上设置练习任务。如练习者疲劳想休息时坚持继续练习,气候恶劣时,他们想在室内练习时,坚持安排室外练习,当练习者不愿意在逆光场地上练习时,就安排在该场地练习,当练习者害怕高强度的练习时,就安排多球练习、多人打一人训练、"最后一组"训练、极限训练等。这些方法旨在有意识地给练习者制造难题,不遂他们的心愿,不让他们感到轻松舒适。

(六)自我暗示

通过有效的自我暗示、自我放松,可以达到心理训练的目的。自我暗示依靠意念和语言对自己的行动进行约束和控制,从而调整情绪、增强意志力、坚定信念,排除焦虑、烦恼、不安、急躁等不良心理影响。这种方法要求学生记住指导语,或是把指导语做好录音。松弛时,找个舒适的姿势躺下或坐下,把记住的指导语在心里默默地念给自己听,或者是放录音给自己听。下面给出了一些可用的指导语。

1. 我在休息

我摆脱了一切紧张,处于放松状态。我感到轻松自如,内心平静,不抱任何期待。我在摆脱压力和紧张,全身都轻松了。我感到轻松和愉快。我正在休息。

2. 腿脚的肌肉放松

腿脚的肌肉放松了,腿是轻松而自如的。左腿的肌肉放松了,右腿的肌肉放松了,腿是轻松自如的。我是安静的。我感到温暖了。我很舒服。我已排除了一切紧张。我是非常安静的。

3. 手臂的肌肉放松

手臂的肌肉都放松了。左手和手指的肌肉放松了,左臂的肌肉放松了。肩部、前臂的肌肉都放松了。整个左手臂都放松了。右手和手指的肌肉都放松了,右臂的肌肉放松了。肩部、前臂的肌肉都放松了。整个右手臂都放松了。两个手臂都放松了。

4. 躯体的肌肉放松

两臂是自然下垂的。背部的肌肉放松了。胸部的肌肉放松了。腹部的肌肉也放松了。感到全身都放松了。

5. 头面部的肌肉放松

头颈部的肌肉放松了。面部的肌肉放松了。双眉自如地分开了,额部是舒展的。眼皮下垂,柔和地闭住,鼻翼放松了。两唇微开,口部的肌肉放松了。颈部的肌肉放松了,感到颈部是凉爽的。

6. 我已摆脱了紧张

我全身都放松了。我感到轻松自如。我感到呼吸均匀而平衡,我感到清爽的空气通过鼻孔,肺部感到舒服,我是安静的。我的心脏跳动得很缓慢,我已感觉不到心脏的跳动。我感到轻松自如。我很舒服。我休息好了。

7. 我已休息好

我感到爽快,感到浑身轻松、舒服,感到精神倍增。我休息好了。我精力充沛了。

(七) 应激控制训练

应激是指个体所感知的环境要求与自认为的自我能力之间存在不平衡时产生的身心反应。应激的产生包括外部环境刺激(应激源)、个体的认知和身心唤醒反应三个要素。教学训练、比赛场内外环境、对手、裁判员、教练员、观众、新闻媒体及其活动以及比分、成绩等,都可能成为应激源,影响足球练习者。个体对这些外部环境因素的评价、态度、看法等构成了从外部刺激到身心唤醒的认知过程。唤醒是个体表现出来的身心活动水平。过度应激会对练习者产生很大的消极影响,必须加以控制。控制应激可针对其产生的三个因素,从三个方面着手实施:环境控制、身体应激控制、认知应激控制。

实施环境控制时,一方面要减少教学训练或比赛的不确定事件,如让练习者充分了解练习的内容、方法、运动负荷、比赛时间、地点、规程、对手情况等,使他们对练习和比赛有精神准备,心里有底;另一方面要降低外界对竞赛结果的期待,如尽量说服参赛者的亲属、朋友、领导和媒体等,将所谓重要的比赛看作与平常一样的比赛,不要过分渲染,不要强调结果带来的影响,以免转移参赛者的注意,干扰参赛者对比赛的准备。还可采取回避的方法,如进行封闭训练,暂时避开外界的影响,集中精力准备比赛。当然,最主要的是提升练习者实施身体应激控制的能力,主要是让练习者学会放松并与教学训练或比赛紧密结合、自如应用。呼吸放松法、自生法、渐进放松法、生物反馈放松法、表象放松法、自我暗示放松法等都是有效的放松方法,能在运动员应激时降低身体唤醒水平。

身体放松训练旨在建立大脑和躯体之间的双向联系,也就是在意念与自主神经系统反应活动之间建立一定的联系。因此,必须长期坚持练习,才可能将心率控制在理想的范围内,将血压控制在合理的数值上,更重要的是将思维专注于"静"的状态,而短期练习则无法取得应有的效果。认知应激控制是基于"思维决定情绪"的原理实施的,也就是说,有害的思维方法、消极评价是应激产生的主要根源,应加以转变。消极思维往往是以自我谈话、自我暗示的方式出现的。对消极思维的识别、阻断消极思维、用积极而富有理性的思维替换消极思维是控制、转化某一消极思维的基本程序,其目的是提高练习者对自我谈话的辨别、分析和控制水平,及时摆脱消极观念,制定建设性的自我暗示内容,并能够针对相应的情境和消极思维加以应用。自我意识差、任消极信念充满头脑而不加以阻止、缺乏理性思维能力、不针对问题情境与杂念做出认知应付准备,是练习者或参赛者思维失控的主要原因。

做到认知应激控制不是一件容易的事情,因为个体头脑中早已形成了很多惯性的思维和信念,而且非常牢固。若想转变,往往需要激烈的辩论、深刻的反思、反复的讨论才可能重新构建积极而又理性的信念。例如要求练习者在足球教学训练和比赛中"注重过程不想结果",就与他们"永远争第一"的信念相矛盾。他们想不通,不能接受,要转变起来就非常困难,这就对练习者的悟性和说服者的能力提出了较高的要求。

第九章　高校足球教学可持续发展研究

第一节　高校足球教学可持续发展的背景

一、社会体育发展的大趋势

在当今社会,体育已经成为人们生活中不可或缺的一部分,其发展呈现出蓬勃向上的态势。随着人们健康意识的不断提高,对各类体育运动的参与度和关注度也日益增加。足球作为世界第一大运动,在全球范围内拥有广泛的群众基础,这种社会大环境为高校足球教学的可持续发展提供了肥沃的土壤。在社会层面,足球赛事的商业价值不断攀升,不仅吸引了巨额的商业投资,也激发了民众对足球的热爱。这种社会对足球的高度热情,促使高校更加重视足球教学,将其作为培养全面发展人才和满足社会体育需求的重要环节。

二、国家体育政策的有力支持

国家对体育事业的重视程度逐年提升,出台了一系列有利于体育发展的政策。在教育领域,强调体育在素质教育中的关键作用,要求学校加强体育课程建设,提高学生的身体素质和体育素养。对于足球运动,国家更是出台了专门的政策文件,如《中国足球改革发展总体方案》,明确提出了校园足球发展的目标和路径,将校园足球作为足球事业发展的基石。这些政策为高校足球教学提供了明确的发展方向和政策保障,推动高校积极响应国家号召,加大对足球教学的投入,改善教学条件,提高教学质

第九章 高校足球教学可持续发展研究

量,为高校足球教学的可持续发展创造了良好的政策环境。

三、高校自身发展的内在需求

(一)人才培养目标的多元化

随着社会的发展,高校的人才培养目标逐渐向多元化方向发展。除了注重学生的专业知识和技能培养外,越来越强调综合素质的提升,而体育素质是其中重要的组成部分。足球教学不仅能够增强学生的身体素质,还能培养学生的团队协作精神、竞争意识、沟通能力等多种非智力因素。因此,为了适应人才培养目标的变化,高校需要持续发展足球教学,将其纳入学校整体教育体系中,为学生提供更优质的足球教育资源,促进学生全面发展。

(二)校园文化建设的重要内容

校园文化是高校发展的灵魂,丰富多样的校园文化活动能够提升学校的凝聚力和吸引力。足球作为一项充满活力和激情的运动,在校园文化建设中具有独特的地位。高校足球比赛、足球社团活动等能够营造浓厚的校园足球氛围,成为校园文化的亮点。通过持续开展足球教学,可以为校园足球文化注入源源不断的活力,吸引更多学生参与足球活动,丰富学生的课余生活,形成具有本校特色的校园足球文化,增强学校的文化软实力。

四、现代教育技术的发展机遇

(一)信息技术在教学中的广泛应用

现代信息技术的飞速发展为高校足球教学带来了前所未有的机遇。多媒体教学设备、网络教学平台等信息技术手段在教学中的应用日益广泛。在足球教学中,教师可以利用视频、动画等多媒体资源,更加生动形象地讲解足球技术、战术,帮助学生更好地理解和掌握。

(二)智能设备助力教学效果提升

智能穿戴设备、智能训练器材等现代科技产品的出现也为高校足球教学提供了有力支持。智能穿戴设备可以实时监测学生的运动数据，如心率、运动强度、运动轨迹等，教师可以根据这些数据了解学生的身体状况和训练效果，及时调整教学内容和训练强度，实现个性化教学。智能训练器材则可以增加训练的趣味性和针对性，例如智能足球可以记录足球的飞行轨迹、速度等信息，帮助学生分析自己的射门、传球技术，有针对性地进行改进。这些现代教育技术的发展为高校足球教学的可持续发展提供了新的技术手段和发展路径。

第二节 高校足球教学可持续发展的创新性

一、教学理念的创新

(一)以学生为中心的个性化教学理念

传统的足球教学往往采用统一的教学模式，忽视了学生的个体差异。而在可持续发展的背景下，高校足球教学应树立以学生为中心的个性化教学理念。这种理念强调关注每个学生的足球基础、身体素质、兴趣爱好等因素，为学生量身定制教学计划。例如：对于足球基础薄弱但兴趣浓厚的学生，可以从基础的足球知识和简单技术入手，采用趣味性更强的教学方法，逐步培养他们的兴趣和自信心；对于有一定足球基础且身体素质较好的学生，可以提供更具挑战性的训练内容，如高级战术训练和高强度体能训练，满足他们的发展需求。通过个性化教学，充分挖掘每个学生的潜力，让每个学生在足球教学中都能获得良好的发展。

(二)融合多元文化的足球教学理念

足球是一项全球性的运动，不同国家和地区有着丰富多样的足球文化。高校足球教学应融入多元文化理念，拓宽学生的视野。通过这种多元文化的融合，让学生在学习足球的过程中领略到世界文化的多样性，培养学生的跨文化交流能力和全球视野。

二、教学内容的创新

(一)足球与其他学科的交叉融合

高校足球教学内容可以与其他学科进行有机交叉融合,创造出更具深度和广度的教学内容。例如:与物理学结合,可以讲解足球飞行的力学原理、球员在奔跑和射门时的受力分析等,帮助学生从科学的角度理解足球运动;与心理学结合,可以探讨足球运动员在比赛中的心理状态、如何应对压力和挫折等内容,培养学生的心理素质;与管理学结合,可以分析足球俱乐部的运营管理、球队的战术管理等方面,让学生了解足球背后的管理知识。这种跨学科的教学内容不仅丰富了足球教学的内涵,还能激发学生的学习兴趣,提高学生的综合素养。

(二)足球文化与历史的深度挖掘

在足球教学中,除了技术和战术教学外,要加强对足球文化和历史的深度挖掘。可以增加足球文化专题讲座,讲述足球运动从古代到现代的发展演变过程,包括足球规则的形成、重大足球赛事的历史背景等。同时,可以引导学生研究足球文化在不同国家和地区的特色表现,如足球与民族文化、地域文化的关系。通过这些内容的教学,让学生深入了解足球的文化底蕴,增强对足球运动的认同感和热爱之情,使足球教学不仅仅是技能的传授,更是文化的传承。

三、教学方法的创新

(一)虚拟现实(VR)和增强现实(AR)技术在教学中的应用

虚拟现实(VR)和增强现实(AR)技术为高校足球教学方法带来了革命性的变化。通过 VR 技术,教师可以创建虚拟的足球训练场景,让学生身临其境地体验各种足球环境。例如模拟在不同天气条件下(如暴雨、大风、雪地等)的比赛场景,学生在虚拟环境中进行训练,能够更好地适应复杂的比赛环境,提高应对能力。增强现实(AR)技术则可以将虚拟的足球元素与现实场景相结合,在训练场上为学生呈现出虚拟的对手跑位、战术布置等信息,帮助学生更好地理解战术意图和提高战术执行能力。

(二)游戏化教学方法的拓展

游戏化教学在高校足球教学中已经取得了一定的成效,但在可持续发展过程中需要进一步拓展。可以设计更加复杂、多样化的足球游戏,将足球技术、战术、体能训练等内容融入其中。同时,可以利用在线游戏平台,开展线上足球竞赛和训练活动,打破地域限制,让不同高校的学生可以一起参与足球游戏,增强学生的参与度和竞争意识,提高足球教学的趣味性和效果。

四、教学评价的创新

(一)多元化评价主体的引入

传统的足球教学评价主要以教师评价为主,这种单一的评价方式存在一定的局限性。在可持续发展的高校足球教学中,应引入多元化的评价主体,包括学生自评、互评和社会评价。学生自评可以让学生对自己的学习过程和学习成果进行反思,发现自己的优点和不足,培养自主学习能力。互评则可以促进学生之间的相互学习和交流,让学生从不同的角度了解自己的足球表现。社会评价可以邀请校外足球专家、家长、足球俱乐部教练等参与评价,从更专业、更全面的角度对高校足球教学效果进行评估,为教学改进提供参考。

(二)过程性评价与终结性评价的有机结合

在教学评价中,要改变以往过于注重终结性评价(如期末考试、比赛成绩等)的做法,加强过程性评价。过程性评价应贯穿于足球教学的全过程,包括学生的课堂表现、训练态度、技术进步情况、团队协作能力等方面。可以通过建立学生学习档案,记录学生在每个教学环节的表现和数据,如每次训练的参与度、技术动作的改进情况等。同时,将过程性评价与终结性评价有机结合,根据不同的教学目标和内容,合理确定两者的权重,使评价结果更加全面、客观地反映学生的足球学习水平和教师的教学质量。

第三节 高校足球教学可持续发展的意义

一、对学生个体发展的意义

(一)身体素质的提升

足球是一项高强度的全身性运动,高校足球教学的可持续发展对于学生身体素质的提升有着显著的作用。通过长期的足球训练,学生的心肺功能、肌肉力量、耐力、速度、灵敏性等身体素质指标都能得到有效提高。例如在足球比赛和训练中,学生需要频繁地奔跑、冲刺、跳跃、对抗,这些动作能够锻炼心肺功能,增强腿部肌肉力量,提高身体的耐力和速度。同时,足球运动中的各种变向、转身等动作可以提高学生的灵敏性和身体协调性,使学生拥有更健康、强壮的体魄,为他们的学习和生活提供良好的身体保障。

(二)综合素质的培养

高校足球教学不仅仅是培养学生的足球技能,更重要的是培养学生的综合素质。在足球教学中,学生需要与队友密切配合,这有助于培养他们的团队协作精神。每个球员在球队中都有自己的角色和职责,需要相互信任、相互支持,共同完成比赛任务。同时,足球比赛具有很强的竞争性,学生在面对对手时需要有竞争意识和拼搏精神,努力争取胜利。此外,足球运动中还涉及战术制定、战术调整等环节,这需要学生具备一定的分析能力和决策能力。通过足球教学,学生在团队协作、竞争意识、分析决策等综合素质方面都能得到锻炼和提高,为他们今后走向社会奠定良好的基础。

(三)心理健康的促进

足球教学对学生的心理健康也有着积极的影响。在足球运动中,学生可以释放学习和生活中的压力,体验到运动带来的快乐。当学生在比赛中成功地完成一次进攻或防守,或者在训练中突破自己的技术瓶颈时,会获得成就感和自信心。同时,足球比赛中不可避免地会遇到挫折,如比赛失利、受伤等,通过应对这些挫折,学生可以培养坚韧不拔的意志品质,学会如何在逆境中调整心态。而且,足球是一项集体运动,学生在团队中可以获得归属感和认同感,有助于缓解孤独感和焦虑情绪,促进心理健康。

二、对高校发展的意义

(一)提升校园文化品质

高校足球教学的可持续发展是丰富校园文化的重要途径。足球作为一项具有广泛吸引力的运动,可以营造出充满活力和激情的校园氛围。高校足球比赛、足球社团活动等能够吸引众多学生参与,成为校园文化的亮点。通过足球教学,可以培养出一批热爱足球的学生群体,他们在校园内传播足球文化,形成良好的足球文化氛围。这种浓厚的足球文化可以与高校的学术文化、艺术文化等相互融合,提升校园文化的整体品质,使校园文化更加多元化、富有魅力。

(二)促进学科融合与创新

足球教学的可持续发展为高校学科融合提供了良好的平台。如前文所述,足球教学可以与物理学、心理学、管理学等多个学科进行交叉融合,这种跨学科的教学模式可以促进学科之间的相互交流和创新。在学科融合的过程中,不同学科的教师可以共同参与足球教学的研究和实践,打破学科壁垒,实现知识的共享和创新。

(三)增强学校的社会影响力

一所高校的足球教学水平和足球文化氛围在一定程度上能够体现学校的综合实力和特色。当高校足球教学得到可持续发展,培养出优秀的足球人才,举办高质量的足球赛事,形成独特的校园足球文化时,会吸引社会各界的关注。这包括学生家长、校友、社会体育爱好者、足球俱乐部等。良好的足球教学成果可以提升学校在社会上的知名度和美誉度,增强学校的社会影响力,为学校的招生、人才引进、社会合作等方面带来积极的影响。

三、对社会发展的意义

(一)为社会培养足球人才

高校是为社会培养人才的重要基地,足球教学的可持续发展能够为社会输送大量具有较高足球素养的人才。这些人才不仅包括专业的足球运动员,还包括足球教练、足球裁判员、足球管理人员、足球教育工作者等。他们可以在社会足球领域发挥重要作用,推动社会足球事业的发展。例如:高校培养的足球教练可以到基层足球培训机构任教,提高青少年足球训练水平;足球裁判员可以参与各级足球比赛的执法,保证比赛的公平公正;足球管理人员可以参与足球俱乐部或体育机构的运营管理,促进足球产业的发展。

(二)推动全民健身事业发展

足球教学在高校的可持续发展有助于在全社会范围内推广足球运动,推动全民健身事业的发展。高校学生作为社会的一个重要群体,他们在学校接受足球教育后,会将足球运动带回家庭和社区,带动身边的人参与足球活动。同时,高校可以通过开展足球公益活动、足球进校园等形式,向社会传播足球知识和技能,提高社会大众对足球运动的认知度和参与度,使足球成为全民健身的重要组成部分,促进全民身体素质的提高。

(三)促进社会和谐与文化交流

足球作为一项具有强大凝聚力的集体运动,能够促进社会和谐。在高校足球教学中培养的团队协作精神、公平竞争意识等价值观可以通过学生传递到社会各个层面。当人们在参与足球活动时,遵循公平竞争的原则,相互尊重、相互协作,会减少社会矛盾和冲突,营造和谐的社会氛围。此外,足球是一种全球性的文化符号,高校足球教学的可持续发展可以促进国际文化交流。高校可以与国外高校开展足球交流活动,如足球比赛、学术研讨、学生互访等,通过足球这一媒介,增进不同国家和地区之间的相互了解和友谊,促进国际文化交流与合作。

第四节 促进高校足球教学可持续发展的路径分析

一、完善足球教学基础设施建设

(一)足球场地的规划与建设

足球场地是高校足球教学的基本物质保障。高校应根据自身规模和学生人数,合理规划足球场地的数量和类型。除了标准的十一人制足球场外,还应建设一些小型的足球场地,如七人制、五人制足球场,以满足不同教学内容和学生活动的需求。在足球场地建设过程中,要注重场地的质量,包括地面的平整度、草坪的质量、排水系统等。

(二)足球器材设备的配备与更新

高校要为足球教学配备充足的器材设备,包括足球、球门、训练桩、战术板等。足球的选择要符合国际标准,质量可靠,并且要根据学生的年龄和教学内容准备不同型号的足球。球门的安装要牢固,尺寸准确。训练桩可以用于学生的控球、传球等技术训练,战术板则是教师讲解战术的重要工具。

二、加强足球师资队伍建设

(一)足球教师的专业培训与引进

高校应重视足球教师的专业培训,定期组织教师参加各类足球培训课程,包括足球技术、战术、教学方法、训练理论等方面的培训。可以与国内外知名的足球培训机构、体育院校等合作,邀请专家学者和优秀教练来校讲学,为教师提供学习国际先进足球教学经验的机会。同时,积极引进高水平的足球人才担任足球教师,充实师资队伍。引进的足球教师不仅要有扎实的足球专业知识和技能,还要具备良好的教育教学能力和科研能力,能够为高校足球教学带来新的理念和方法。

(二)足球教师的激励机制与职业发展规划

建立完善的足球教师激励机制,对在足球教学、训练、科研等方面表现优秀的教师给予表彰和奖励。奖励可以包括物质奖励,如奖金、教学科研经费等,也可以包括精神奖励,如优秀教师称号、荣誉证书等。同时,为足球教师制订合理的职业发展规划,明确教师的晋升渠道和发展方向。例如鼓励教师在足球教学实践的基础上开展科研工作,将教学经验转化为科研成果,提高教师的学术水平和教学水平。

三、优化足球教学课程体系

(一)课程目标的精准定位

高校足球教学课程体系的优化首先要从精准定位课程目标入手。课程目标应紧密围绕学生的全面发展和社会对足球人才的需求来设定。一方面,要注重培养学生的足球基本技能、战术意识和身体素质,使学生具备扎实的足球基础。另一方面,要将培养学生的综合素质融入课程目标,包括团队协作精神、竞争意识、沟通能力、创新能力等,使足球教学成为培养全面发展人才的重要途径。

(二)课程内容的科学整合

对足球教学课程内容进行科学整合是优化课程体系的关键。课程内容应包括足球理论知识、技术技能训练和足球实践活动三个主要部分,并将三者有机结合。在足球理论知识部分,除了传统的足球规则讲解外,要增加足球文化、足球历史、足球与其他学科交叉知识等内容,拓宽学生的知识面。

(三)课程评价的合理设计

课程评价是足球教学课程体系的重要组成部分,合理的课程评价设计能够全面、客观地反映教学效果和学生的学习情况。课程评价应采用多元化的评价方式,包括形成性评价和终结性评价相结合、定量评价与定性评价相结合、教师评价与学生评价相结合等。形成性评价要贯穿于整个教学过程,关注学生在课堂表现、训练态度、团队协作等方面的情况,可以通过课堂观察、训练记录、学生自评和互评等方式进行。终结性评价则主要针对学生在期末考试、足球比赛等环节的成绩和表现进行评价。定量评价可以通过学生的技术测试数据(如传球准确率、射门成功率等)、体能测试数据(如耐力、速度等)来衡量,定性评价则通过教师对学生在足球学习过程中的综合表现进行描述性评价。通过合理设计课程评价体系,为教学改进和学生发展提供科学依据。

四、深化足球教学与社会资源的合作

(一)与足球俱乐部的协同发展

高校足球教学可以与足球俱乐部建立深度合作关系,实现协同发展。一方面,足球俱乐部可以为高校足球教学提供专业的教练指导、训练资源和实践机会。俱乐部的专业教练可以定期到高校开展足球讲座、训练课程,传授先进的足球技术和战术理念。同时,俱乐部可以与高校合作建立实习基地,为高校学生提供到俱乐部实习的机会,让学生在真实的足球运营环境中了解足球产业的发展,积累实践经验。另一方面,高校可以为足球俱乐部输送优秀的足球人才,高校培养的学生在足球技能、文化素养等方面都具有一定的优势,可以为俱乐部注入新的活力。

(二)与社会足球培训机构的合作

与社会足球培训机构合作是高校足球教学可持续发展的重要途径。社会足球培训机构在足球培训方面具有丰富的经验和灵活的培训模式。高校可以与培训机构合作开展足球培训课程,共同设计培训内容和培训方法,满足不同学生的学习需求。例如:针对零基础的学生,可以设计基础足球培训课程,由培训机构的教练和高校教师共同授课;针对有一定足球基础的学生,可以开展提高性的足球培训课程,注重足球技术和战术的深化训练。同时,高校可以利用培训机构的资源开展足球教练、裁判员等专业人员的培训工作,为学生提供更多的就业机会和发展方向。

(三)争取社会各界的支持与赞助

高校足球教学的可持续发展需要社会各界的支持与赞助。可以积极争取政府部门的资金支持,政府在体育事业发展中具有重要的引导作用,高校可以通过申报足球教学相关的项目,争取政府的专项经费。同时,积极寻求企业的赞助,企业可以通过赞助高校足球教学活动获得品牌宣传和社会声誉的提升。

五、营造良好的校园足球文化氛围

(一)丰富校园足球文化活动

营造良好的校园足球文化氛围需要丰富多样的足球文化活动作为支撑。高校可以定期举办足球文化节,在足球文化节期间开展一系列足球主题活动,如足球比赛、足球技巧挑战赛、足球摄影比赛、足球征文比赛、足球明星模仿秀等。足球比赛可以包括班级联赛、院系联赛、师生友谊赛等不同形式,激发师生的参与热情。足球技巧挑战赛可以设置如颠球、射门、传球接力等项目,让学生在趣味活动中展示足球技能。足球摄影比赛和征文比赛则鼓励学生用镜头和文字记录自己对足球的理解和热爱,培养学生的艺术素养和文学素养。足球明星模仿秀可以让学生模仿自己喜爱的足球明星的动作、表情等,增加活动的趣味性和娱乐性。通过这些丰富多彩的足球文化活动,让足球成为校园文化的重要组成部分,吸引更多学生关注和参与足球运动。

(二)加强足球社团建设

足球社团是校园足球文化建设的重要力量,高校应加强足球社团的建设和管理。首先,要为足球社团提供必要的支持,包括活动场地、器材设备、经费等方面的支持。社团可以利用这些资源开展日常的足球训练、足球知识讲座、社团内部比赛等活动。其次,要加强对足球社团的指导,配备专业的指导教师,指导教师可以帮助社团制订活动计划、训练方案,提高社团活动的质量。同时,鼓励足球社团与其他高校的足球社团开展交流活动,如足球友谊赛、社团文化交流等,拓宽学生的视野,促进校园足球文化的传播。

(三)宣传足球文化与精神

在校园内加强足球文化与精神的宣传也是营造良好足球文化氛围的重要环节。可以通过校园广播、电视台、宣传栏、校园网等多种渠道宣传足球文化。校园广播和电视台可以定期播放足球赛事报道、足球明星访谈、足球知识讲解等内容,让学生在课余时间了解足球动态。宣传栏可以展示足球历史、足球文化、本校足球发展成果等信息,通过图片、文字等形式吸引学生的注意力。校园网可以开设足球专题网页,发布足球教学资源、足球赛事信息、学生足球作品等内容,为学生提供一个全面了解足球的网络平台。同时,在足球教学和足球活动中,要注重向学生传播足球精神,如团队协作、拼搏进取、公平竞争等精神,让学生在参与足球运动的过程中受到足球精神的熏陶,将足球精神内化为自己的行为准则。

六、建立足球教学质量监控体系

(一)教学质量监控指标的设定

建立科学合理的足球教学质量监控体系,首先要明确监控指标。

一是教学目标达成情况,主要看学生在足球技能、战术意识、身体素质以及综合素质培养等方面是否达到课程目标要求。

二是教学内容的合理性,包括足球理论知识、技术训练和实践活动内容是否符合学生的年龄、水平和兴趣特点。

三是教学方法的有效性,关注教师在足球教学中所采用的教学方法是否能够激发学生的学习兴趣、提高学习效率。

四是教师教学能力,评估教师的足球专业知识、教学技能、组织管理能力以及对学生的指导能力。

(二)教学质量监控的实施途径

1. 课堂观察与记录

安排专人对足球课堂教学进行定期观察和记录。观察内容包括教师的教学行为、学生的学习表现、课堂氛围等,通过详细的课堂观察记录,及时发现教学过程中存在的问题,为教学质量的评估和改进提供依据。

2. 学生评教

建立完善的学生评教制度,定期组织学生对足球教师的教学质量进行评价。可以通过问卷调查、学生座谈会等方式收集学生的意见和建议。问卷设计应涵盖教学内容、教学方法、教师态度、教学效果等多个方面,让学生能够全面、客观地评价教师的教学工作。学生座谈会则可以提供一个面对面交流的平台,让学生更深入地表达自己在足球学习过程中的感受和遇到的问题,同时也可以让教师更好地了解学生的需求。

3. 教师同行互评

鼓励足球教师之间开展同行互评。同行教师可以相互听课、观摩教学,并根据教学质量监控指标对彼此的教学工作进行评价。同行互评可以促进教师之间的交流与学习,分享教学经验和教学资源,发现自身教学中的不足和问题。同时,同行教师由于具有相似的专业背景和教学经验,能够从专业的角度提出更有针对性的改进建议。

4. 教学效果评估

通过对学生的学习成绩、足球技能水平、比赛表现等方面进行综合评估,来衡量足球教学的效果。可以制定统一的考核标准,对学生进行定期的技能测试和理论考试。在技能测试方面,包括足球基本技术(如传球、接球、带球、射门等)的考核和战术运用能力的考核;在理论考试方面,考查学生对足球规则、足球文化、战术理论等知识的掌握情况。通过分析学生在足球比赛中的数据,如进球数、助攻数、防守成功率等,以及观察学生在比赛中的团队协作、战术执行等表现,全面评估教学效果。

(三)教学质量监控结果的反馈与应用

1. 及时反馈机制

建立教学质量监控结果的及时反馈机制,确保监控过程中发现的问题能够迅速传达给相关教师。可以通过定期的教学质量分析报告、个别沟通等方式向教师反馈评价结果。教学质量分析报告应详细列出教师在教学过程中存在的问题和优点,并提出针对性的改进建议。对于个别问题较为突出的教师,进行单独沟通,帮助他们理解问题所在,并共同探讨改进措施。

2. 教学改进与调整

教师根据反馈的教学质量监控结果,及时对教学内容、教学方法、教学计划等进行调整和改进。如果发现某一教学内容学生理解困难,教师可以重新设计教学方法,采用更直观、易懂的方式进行讲解;如果教学方法在激发学生兴趣方面效果不佳,教师可以尝试引入新的游戏教学法或实践活动,提高学生的参与度。同时,教学管理部门可以根据整体的教学质量监控情况,对足球教学课程体系、师资队伍建设等方面进行宏观调整,确保足球教学质量的持续提升。

3. 激励与奖惩机制

将教学质量监控结果与教师的绩效考核、职称评定、评优评先等挂钩,建立激励与奖惩机制。对于教学质量优秀的教师,给予表彰和奖励,如颁发教学优秀奖、增加绩效奖金、优先晋升职称等,激励教师积极提高教学质量。相反,对于教学质量较差且改进不明显的教师,进行相应的惩罚,如减少教学工作量、要求参加培训学习等,促使教师重视教学质量问题,积极改进教学工作。

七、加强足球教学中的安全教育

(一)足球运动安全意识的培养

在高校足球教学中,培养学生和教师的安全意识至关重要。对于学生而言,要让他们了解足球运动可能存在的安全风险,如身体碰撞、扭伤、拉伤等。在课程开始时，可以通过专门的安全知识讲座、观看足球运动损伤案例视频等方式，向学生普及安全知识，使他们在思想上重视安全问题。同时，在日常教学中，教师要不断强化学生的安全意识，在每次训练和比赛前，都要强调安全注意事项，提醒学生做好热身准备、遵守比赛规则、避免危险动作等。

对于教师来说，要具备高度的安全责任意识，在教学过程中时刻关注学生的安全状况。教师要深入了解足球运动的安全隐患，掌握预防和处理运动损伤的方法。在教学设计中，要将安全因素考虑在内，合理安排教学内容和训练强度，避免因教学安排不当导致学生受伤。

(二)安全预防措施的制定与实施

1. 场地与器材安全检查

定期对足球场地和器材设备进行安全检查是预防安全事故的重要环节。足球场地要保持平整、无杂物、无坑洼，草坪质量良好，排水系统正常，避免学生因场地问题摔倒或受伤。对于球门、训练桩等器材设备，要检查其牢固性和稳定性，及时修复或更换损坏的器材。每周安排专人对足球场地和器材进行检查，记录发现的问题并及时处理，确保场地和器材符合安全标准。

2. 教学内容与训练强度的合理安排

根据学生的年龄、身体素质和足球水平，合理安排教学内容和训练强度。在教学内容方面，对于初学者，要从简单、安全的足球动作开始教学，逐渐增加难度和复杂性。例如先让学生进行无对抗的控球、传球练习，待学生掌握基本技术后，再进行有对抗的练习。在训练强度上，要遵循循序渐进的原则，避免过度训练导致学生疲劳受伤。可以根据学生的体能状况，合理调整训练时间、强度和间歇时间，如将高强度的训练内容分散安排，避免学生连续长时间高强度运动。

3. 准备活动与放松活动的规范执行

充分的准备活动和放松活动是预防运动损伤的关键。在足球教学前，教师要带领学生进行全面的热身准备活动，包括慢跑、关节活动、专项热身(如带球慢跑、短距离传球等),使学生的身体各部位得到充分预热,提高肌肉的灵活性和关节的活动范围,降低受伤的风险。在教学结束后,要组织学生进行放松活动,如拉伸、深呼吸等,帮助学生缓解肌肉疲劳,减少运动后的酸痛和损伤。

(三)运动损伤的应急处理与后续保障

1. 应急处理预案的制定

高校足球教学应制定完善的运动损伤应急处理预案。预案应包括常见运动损伤(如擦伤、扭伤、拉伤、骨折等)的处理方法和流程。例如:对于擦伤,要准备好消毒药水、纱布等急救物品,及时清洁伤口并包扎;对于扭伤,要知道如何进行冷敷、包扎固定等处理措施。同时,要明确在发生严重运动损伤时的急救流程,如及时呼叫校医、联系医院等,并确保相关人员熟悉急救流程,以便在紧急情况下能够迅速、有效地采取行动。

2. 现场急救人员与设备的配备

在足球教学现场,应配备一定数量的经过急救培训的人员,如体育教师、校医等,确保在学生受伤时能够第一时间进行急救处理。同时,要配备必要的急救设备和药品,如急救箱(内有绷带、消毒药水、担架等)、自动体外除颤器(AED)等,为现场急救提供物质保障。此外,要定期对急救人员进行培训和演练,提高他们的急救技能和应急反应能力。

3. 运动损伤后的康复指导与跟踪

当学生发生运动损伤后,要为他们提供专业的康复指导。可以安排校医或专业康复人员为受伤学生制订个性化的康复计划,包括康复训练、饮食建议等。同时,要对受伤学生进行跟踪观察,了解他们的康复情况,确保他们在完全康复后再逐步恢复足球训练和比赛,避免因过早恢复训练导致二次损伤。此外,对于运动损伤情况进行记录和分析,总结经验教训,进一步完善安全预防措施和应急处理预案。

八、促进足球教学与国际交流合作

(一)国际交流合作的意义

国际交流合作对于高校足球教学的可持续发展具有深远意义。首先,通过与国际足球教育资源接轨,高校可以引进先进的足球教学理念、方法和技术。引进这些先进理念和方法能够丰富国内高校足球教学的内涵,提升教学质量。

其次,国际交流合作能够拓宽师生的国际视野。对于教师而言,与国外同行交流可以了解国际足球教学研究的前沿动态,参与国际足球教育研讨会和培训课程,学习新的课程设计、教学评价等方面的经验。对于学生来说,有机会接触到不同国家的足球文化、训练模式和比赛风格,培养他们的跨文化交流能力和全球意识。这有助于培养具有国际竞争力的足球人才,满足全球化背景下足球发展的需求。

此外,国际交流合作有助于提升高校足球教学的国际影响力。通过与国外知名高校或足球机构建立合作关系,开展国际足球交流项目,能够吸引国际目光,展示我国高校足球教学的成果和特色,促进国际足球教育资源的共享和双向流动,推动我国高校足球事业在国际舞台上的发展。

(二)国际交流合作的途径与形式

1. 师生互访项目

积极开展师生互访项目是国际交流合作的重要形式之一。高校可以与国外友好院校或足球专业院校签订互访协议,定期选派足球教师和学生到对方学校进行交流学习。教师在国外交流期间,可以观摩当地的足球教学课程、参与教学实践和学术研讨活动,深入了解国外足球教学的组织与实施过程。学生则可以参加国外学校的足球训练课程、参与校际足球比赛,体验不同的足球训练氛围和比赛环境。同时,接待国外师生来访,让本校师生有机会与国际友人面对面交流,分享足球教学经验和文化。

2. 国际足球教育研讨会与学术会议

鼓励足球教师参加国际足球教育研讨会和学术会议，这是获取国际足球教学前沿信息的重要途径。国际上有许多高水平的足球教育相关会议，如国际足联举办的足球教育论坛、欧洲体育教育协会组织的足球教学研讨会等。这些会议会聚了全球足球教育领域的专家、学者和一线教师，会上会分享最新的研究成果、教学案例和实践经验。高校应为教师参加此类会议提供支持，包括经费资助、时间安排等，同时鼓励教师在会议上发表论文、展示本校足球教学成果，与国际同行进行深入的学术交流。

3. 国际足球联合课程与项目合作

与国外高校或足球机构开展国际足球联合课程与项目合作，共同设计和实施足球教学课程。可以联合开发线上足球教学课程，整合双方的优质教学资源，面向全球学生开放；或者合作开展足球专项训练项目，针对足球技术、战术、体能等方面进行联合训练和研究。通过这种深度合作的形式，实现优势互补，共同提升足球教学水平。此外，还可以开展国际足球夏令营、冬令营等活动，吸引国内外学生参加，为学生提供一个国际化的足球学习和交流平台。

(三)国际交流合作的保障措施与资源整合

1. 政策支持与资金保障

政府和高校应出台相关政策支持足球教学的国际交流合作，为师生参与国际交流活动提供便利条件。在政策层面，可以简化出国审批手续、放宽对外交流的限制等。同时，要加大资金投入，设立专项经费用于国际交流合作项目。经费来源可以包括政府拨款、学校自筹、社会捐赠等多种渠道。这些资金主要用于支付师生国际交流的差旅费、住宿费、会议注册费等相关费用，以及支持国际联合课程开发、项目合作等活动的开展。

2. 语言与文化培训

为了确保国际交流合作的顺利进行，要加强师生的语言和文化培训。对于参与国际交流的师生，提供英语或其他相关外语的培训课程，提高他们的语言沟通能力。同时，开展国际文化培训，让师生了解不同国家的文化风俗、教育制度等,避免因文化差异而产生误解或沟通障碍。可以邀请国际教育专家、外语教师以及有海外交流经验的人员为师生进行培训,提高他们的跨文化交际能力。

3.国际资源整合与合作网络构建

积极整合国际足球教学资源,建立广泛的国际合作网络。高校可以与国际足球组织(如国际足联、亚足联等)、国外足球俱乐部、足球培训机构等建立联系,拓展合作渠道。通过与这些国际机构和组织的合作,获取更多的国际足球教育资源,如国际足球教学大纲、训练教材、专家资源等。同时,利用现代信息技术搭建国际足球教学合作网络平台,实现资源共享、信息互通,促进国际足球教学交流合作的常态化和高效化。

九、推动足球教学信息化建设

(一)信息化建设在足球教学中的作用

足球教学信息化建设在提升教学质量和促进可持续发展方面发挥着重要作用。首先,信息化手段能够丰富教学资源。通过网络平台,教师可以获取大量的国内外足球教学视频、动画、图片、文献等资料,并将其整合到教学过程中,让学生更直观地理解不同战术的应用场景和效果。同时,教师也可以将自己的教学课件、训练计划等资料上传到网络平台,方便学生下载学习,实现教学资源的共享。

其次,信息化建设有利于提高教学管理效率。利用信息化管理系统,可以对足球教学的各个环节进行精细化管理。如学生信息管理系统可以记录学生的基本信息、足球学习经历、技能水平等数据,教师可以根据这些数据对学生进行分层教学和个性化指导。课程安排管理系统能够合理安排足球课程的时间、地点、授课教师等信息,避免课程冲突,提高教学资源的利用率。此外,教学评价管理系统可以实现多元化的教学评价,包括学生自评、互评、教师评价等,通过系统自动收集和分析评价数据,为教学改进提供科学依据。

最后,信息化技术可以增强教学的交互性和趣味性。借助在线教学平台、社交媒体等工具,教师和学生之间可以实现实时互动。教师可以在平台上发布教学任务、解答学生的疑问、组织在线讨论等;学生可以随时向教师请教问题、与同学交流学习心得。

(二)足球教学信息化建设的内容与实施

1. 教学资源数字化平台建设

构建足球教学资源数字化平台是信息化建设的核心内容之一。该平台应具备资源整合、分类检索、在线播放、下载等功能。一方面,收集整理各类足球教学资源,包括足球技术动作示范视频、战术讲解动画、足球历史文化资料、国际知名足球教练的教学讲座视频等,并按照教学内容、资源类型等进行分类。另一方面,开发平台的用户界面,使其操作简单便捷,教师和学生可以轻松登录平台,搜索所需资源,并进行在线观看或下载。同时,建立资源更新机制,定期更新平台上的教学资源,确保其时效性和丰富性。

2. 信息化教学管理系统开发

开发足球教学信息化管理系统,实现教学管理的自动化和智能化。该系统应涵盖学生管理、课程管理、教学评价等多个模块。在学生管理模块中,记录学生的个人信息、入学成绩、足球技能测评数据、考勤情况等,通过数据分析为每个学生生成个性化的学习档案。课程管理模块负责安排足球课程的详细信息,如课程时间、授课教师、教学场地、课程内容等,并能根据教学计划自动生成课程表,同时可以实现课程调整、代课安排等功能。教学评价模块支持多种评价方式,教师可以在系统中设置评价指标、评价周期,系统自动收集评价数据并生成评价报告,为教师调整教学策略提供参考。

3. 新兴信息技术在教学中的应用

积极推广新兴信息技术在足球教学中的应用。利用虚拟现实(VR)技术创建虚拟足球训练场景,让学生在虚拟环境中进行足球技能训练和战术演练。此外,利用智能穿戴设备和传感器技术,实时监测学生在足球训练和比赛中的身体数据,如心率、运动强度、运动轨迹等,教师可以根据这些数据调整训练强度和方案,实现精准教学。

(三)足球教学信息化建设的保障措施

1. 技术支持与维护

确保足球教学信息化建设的顺利进行,需要专业的技术支持和维护团队。学校可以组建专门的信息技术部门或与校外专业的信息技术公司合作,负责教学资源数字化平台和信息化教学管理系统的开发、维护和更新工作。技术人员要具备扎实的计算机技术、网络技术和软件开发能力,能够及时解决系统运行过程中出现的技术问题,如服务器故障、网络连接问题、软件漏洞等,保证教学平台和管理系统的稳定运行。

2. 教师信息化培训

加强足球教师的信息化培训是信息化建设的关键。教师是足球教学的实施者,只有他们掌握了信息化教学技术,才能充分发挥信息化建设的优势。学校应定期组织足球教师参加信息化培训课程,培训内容包括教学资源平台的使用方法、信息化教学管理系统的操作流程、新兴信息技术在足球教学中的应用等。同时,鼓励教师在教学实践中积极探索信息化教学方法,提高他们的信息化教学能力。

3. 经费投入与资源整合

充足的经费投入是足球教学信息化建设的重要保障。学校要合理安排经费预算,用于购买信息化设备(如服务器、计算机、VR设备等)、软件开发、网络带宽升级、教师培训等方面。同时,要积极整合校内外资源,拓宽经费来源渠道。可以争取政府的教育信息化专项经费支持,与企业合作开展信息化建设项目(如企业提供技术支持或设备赞助),利用校友资源募集资金,等等。此外,加强与其他高校、足球机构的合作,共享信息化教学资源,避免重复建设,提高资源利用效率。

参考文献

[1]钱坤,焦广识,何欣.球类运动理论与教学研究[M].长春:吉林出版集团股份有限公司,2024.

[2]陈红涛.校园足球的育人价值与教学实施研究[M].北京:中国书籍出版社,2023.

[3]于洪涛,曹晓明.高校体育教学与球类运动训练实践[M].长春:吉林出版集团股份有限公司,2023.

[4]吴佐,刘翀,刘昱材.体教融合下高校体育教学创新研究[M].长春:吉林科学技术出版社,2023.

[5]吕晓林,董璐,王垚.高校体育理论基础教程[M].大连:大连理工大学出版社,2023.

[6]丁振宾,朱晓亚,罗丽俊.当代大学生体育运动理论与综合技能培养研究[M].长春:吉林科学技术出版社,2023.

[7]程亮,彭延光,王洋.大学体育教程[M].上海:同济大学出版社,2023.

[8]黄中伟,袁超,何福洋.高校体育文化理论与实践研究[M].长春:吉林出版集团股份有限公司,2022.

[9]赵伟.绿茵育英才高校足球运动发展创新探索[M].北京:中国纺织出版社,2022.

[10]韩培霞.高校体育教学模式与训练实践理论探索[M].长春:吉林出版集团股份有限公司,2022.

[11]陈恒兴.高校足球教学设计与训练研究[M].长春:吉林大学出版社,2021.

[12]蔡春娣.高校足球运动教学与系统训练研究[M].北京:北京工业大学出版社,2021.

[13]李云飞,张帅,张威伟.高校足球教学与训练实践研究[M].长春:东北师范大学出版社,2021.

[14]钟贞奇.大学生体育健康与体育运动[M].长春:吉林人民出版社,2021.

[15]钱江.足球训练理论与教学实践[M].长春:吉林出版集团股份有限公司,2021.

[16]朱永振.高校足球教学与科学训练研究[M].北京:北京工业大学出版社,2020.

[17]文玉超,蔡正杰,沈寅豪.高校足球理论教学与实践训练[M].北京:研究出版社,2020.

[18]秦会兵.高校足球教学设计与训练实践研究[M].长春:东北师范大学出版社,2020.

[19]刘杰.足球运动教学与训练探索[M].北京:现代出版社,2020.

[20]杨京.足球运动训练方法与技巧精要[M].长春:吉林人民出版社,2020.

[21]佘富荣,吴翠芬.高校足球技战术教学与训练理念分析[M].长春:吉林大学出版社,2020.

[22]马俊.高校足球发展策略研究[M].哈尔滨:哈尔滨出版社,2020.

[23]李勇.高校足球运动训练研究[M].长春:吉林出版集团股份有限公司,2020.

[24]刘云东.高校足球运动教学与训练[M].延吉:延边大学出版社,2019.

[25]王亚涛.高校体育足球教学策略研究[M].西安:西北工业大学出版社,2019.

[26]岳抑波,谭晓伟.高校足球运动理论与战术技能研究[M].长春:吉林人民出版社,2019.

[27]张晓宇.大学生足球理论与实践[M].广州:中山大学出版社,2019.

[28]高源.高校校园足球系统训练与可持续发展研究[M].沈阳:辽宁大学出版社,2019.

[29]冯世勇.体育文化与实践研究[M].北京:中国政法大学出版社,2019.

[30]徐汝成.校园足球可持续发展战略与系统训练研究[M].北京:中国书籍出版社,2019.